श्रीमद्भागवत गीता भावदर्शिका हिन्दी पदावली मूल श्लोक सहित व अध्यात्मिक पद

श्री रामनरेश दास (पुजारी)

भारत में मुद्रित

IndiePress

ISBN: 978-93-6045-091-5

प्रथम संस्करण, २०२६

इंडी प्रेस

नसादिया टेक्नोलॉजीज़ प्राइवेट लिमिटेड का एक प्रभाग

कोरमंगला, बैंगलोर

कर्नाटका - ५६००२९

http://indiepress.in/

संपादन : लिटरेरी कनेक्ट

प्रारूपण : पेजमैजिक

बुक कवर डिज़ाइन : कीरतिप्रिया

पब्लिशिंग कंसलटेंट : रेचल फर्नांडेस

मेरे प्रिय विशाल यादव का हृदय से आभार।

इस पुस्तक के निर्माण में मेरी इतनी सहायता
करने के लिए मैं तुम्हें भव्य धन्यवाद देता हूँ।
तुम्हारा सहयोग मेरे लिए अमूल्य रहा।

अनुक्रम

-: वन्दना :-

श्रीपार्वती -
गुरु पद रजु ज्ञान करि अंजित।
वन्दे गणपति प्रभुमहि बन्दित।।

वन्दे वाणी पताकुज सिर धारी।
द्रवहु जननी मम बुद्धि विमल करी।।

वन्दे जगत जननी युत शिवेधी।
राधा आदि शक्ति युगपति ई।।

वन्दे पद्मपद सकल सन्त जन।
स्वमति बुद्धि क्षमिपि विजनन।।

- सादर गुरु चरणों में समर्पित!!

श्री गणेशाय नमः

वन्दना

दुष्टबुद्धिनुशासन करि अमित,
वन्दे गणपति प्रभुमहिबन्दिव।।
वन्दे नागपतनकुण्डल सिर धारी,
द्विजवर जन्मी मम बुद्धि विमल करी।।
वन्दे जगत जननी युक्त शिवेधी,
राधा आदि शक्ति युगपति ही।।
वन्दे पद्मपत सकल सन्त जन,
स्वर्राई स्वमति दृष्टि क्षमित विजनन।।

सादर गुरु चरणों में समर्पित

नम्र निवेदन

श्रद्धेय पाठकों से निवेदन है कि मैं संस्कृत का विद्वान नहीं हूँ, फिर भी श्रीमद्भगवद्गीता की भावार्थीयका पदावली हिन्दी पद्य में लिखी है। यदि पाठकों को जहाँ कुछ त्रुटि दिखाई दे, तो उसे मुझे भी अवगत कराने की कृपा करें।

- प्रस्तुतकर्ता:

रामनरेश दास (पुजारी)

गीता स्तुति

प्रभु मुख प्रगटित - विज्ञन वन्दित।
बन्दऊँ गीतहिं परम पुनीतहिं - सुमिरत होति मलिन मति विमलित।।
श्रीहरि गाये जासु महातम - कस कहूँ यश मति मोरि मन्द अति।
प्रभु पद कमल प्रगट भई सुरसरि - गीता सुरसरि प्रभु मुख प्रगटित।।
सुलभेऊ सुरसरि जगत भगीरथ - गीत सुलभ करि व्यास संकलित।
पावन वारि तरंगित सुरसरि - ज्ञान तरंगन गीत तरंगित।।
श्रद्धा सहित मंजि सुरसरि जल - पातकि पावक नाशत संचित।
गीता ज्ञान नीर जो मंजहिं - भवनिधि तरत रहत नहि वंचित।।
नमत नरेश शीश धरि चरणन - मम उर माँतु निवाश करहु नित।
प्रभु मुख प्रगटित - विज्ञन वन्दित।।

अध्याय १

श्लोक - १ (पद- १)

धृतराष्ट्र उवाच।

धर्मक्षेत्रे कुरुक्षेत्रे समवेता युयुत्सवः।

मामकाः पाण्डवाश्चैव किमकुर्वत सञ्जय ॥1॥

(अर्जुन विषाद योग)

धृतराष्ट्र ने संजय से पूछा -

धर्मभूमि कुरुक्षेत्र में, संजय, मेरे और पाण्डु पुत्रों ने।
युद्ध की इच्छा रखते वाले, अब तक किया है क्या दोनों ने?

(पद संख्या - २)

(श्लोक - २ से १० तक)

सञ्जय उवाच।

दृष्ट्वा तु पाण्डवानीकं व्यूढं दुर्योधनस्तदा।

आचार्यमुपसङ्गम्य राजा वचनमब्रवीत् ॥2॥

अत्र शूरा महेष्वासा भीमार्जुनसमा युधि ।

युयुधानो विराटश्च द्रुपदश्च महारथः॥4॥

धृष्टकेतुश्चेकितानः काशिराजश्च वीर्यवान् ।

पुरुजित्कुन्तिभोजश्च शैब्यश्च नरपुङ्गवः ॥5॥

युधामन्युश्च विक्रान्त उत्तमौजाश्च वीर्यवान् ।
सौभद्रो द्रौपदेयाश्च सर्व एव महारथाः ॥6॥

अस्माकं तु विशिष्टा ये तान्निबोध द्विजोत्तम।
नायका मम सैन्यस्य संज्ञार्थं तान्ब्रवीमि ते ॥7॥

भवान्भीष्मश्च कर्णश्च कृपश्च समितिञ्जयः ।
अश्वत्थामा विकर्णश्च सौमदत्तिस्तथैव च ॥8॥

अन्ये च बहवः शूरा मदर्थे त्यक्तजीविताः।
नानाशस्त्रप्रहरणाः सर्वे युद्धविशारदाः ॥9॥

अपर्याप्तं तदस्माकं बलं भीष्माभिरक्षितम्।
पर्याप्तं त्विदमेतेषां बलं भीमाभिरक्षितम् ॥10॥

संजय बोले -

पाण्डवों की व्यूहाकार सेना को देखकर द्रोणाचार्य से बोला दुर्योधन जाकर,

आप का शिष्य बुद्धिमान धृष्टधुम्न आचार्य - विशाल सेना खड़ी किया व्यूह को बना कर।।

भीम और अर्जुन समान सभी शूरवीर - बड़े-बड़े खड़े हैं, सराशन उठा कर।

सत्यकी, विराट, द्रुपद, धृष्टकेतु, चेकितान - काशिराज पुरुजित, नरो मे शैव्य श्रेष्ट नर।।

उत्तमौजा, कुन्तिभोज, युधामन्यु, अभिमन्यु - द्रोपदी के पाँचो पूत महारथी वीरवर।

प्रधान सेनानायक जो मेरे पक्ष में हैं - उन्हें भी जनाता हूँ आप को बता कर।।

कर्ण व विकर्ण, भीष्म, भूरिश्रवा और आप - अजेय कृपाचार्य, अश्वत्थामा धनुर्धर।

अन्य भी बहुत से हैं शूरवीर जो कि - डटे मेरे हित आश जीवन की त्याग कर ।।

अनेक तरह के अस्त्र-शस्त्रों से सज्जित - युद्ध की कला में सभी चतुर हैं, तथा प्रखर।

पितामह से रक्षित ये सेना हमारी - सब प्रकार से है अजेय और दुस्तर।।

भीम द्वारा रक्षित ये पाण्डव की सेना - जीतने में है यह सुगम व सरल तर।

(पद संख्या- ३)

(श्लोक - ११ से १९ तक

अयनेषु च सर्वेषु यथाभागमवस्थिताः।

भीष्ममेवाभिरक्षन्तु भवन्तः सर्व एव हि ॥11॥

तस्य सञ्जनयन्हर्षं कुरुवृद्धः पितामहः।
सिंहनादं विनद्योच्चैः शङ्खं दध्मौ प्रतापवान् ॥12॥

ततः शङ्खाश्च भेर्यश्च पणवानकगोमुखाः।
सहसैवाभ्यहन्यन्त स शब्दस्तुमुलोऽभवत् ॥13॥

ततः श्वेतैर्हयैर्युक्ते महति स्यन्दने स्थितौ।
माधवः पाण्डवश्चैव दिव्यौ शङ्खौ प्रदध्मतुः॥14॥

पाञ्चजन्यं हृषीकेशो देवदत्तं धनञ्जयः।
पौण्ड्रं दध्मौ महाशङ्ख भीमकर्मा वृकोदरः॥15॥

अनन्तविजयं राजा कुन्तीपुत्रो युधिष्ठिरः।
नकुलः सहदेवश्च सुघोषमणिपुष्पकौ ॥16॥

काश्यश्च परमेष्वासः शिखण्डी च महारथः।
धृष्टद्युम्नो विराटश्च सात्यकिश्चापराजितः॥17॥

द्रुपदो द्रौपदेयाश्च सर्वशः पृथिवीपते।
सौभद्रश्च महाबाहुः शङ्खान्दध्मुः पृथक् पृथक्॥18॥

स घोषो धार्तराष्ट्राणां हृदयानि व्यदारयत्।
नभश्च पृथिवीं चैव तुमुलोऽव्यनुनादयन ॥19॥

दुर्योधन हिय हर्ष बढ़ाये।

कुरू कुल वृद्ध पितामह ने तब - सिंहनाद करि शंख बजाये।।

फिर ढोल, मृदंग व शंख, नगाड़े - नरसिंघे सब लोग बजाये।

श्वेत अश्व जुत उत्तम रथ पर - कृष्ण व अर्जुन शंख बजाये।।

अर्जुन देवदत्त नाम की - पाञ्चजन्य श्रीकृष्ण बजाये।

भयानक कर्मा भीमसेन तब - महाशंख है पौण्ड् बजाये।।

कुन्ती पूत युधिष्ठिर राजा - अनन्त विजय की शंख बजाये।

काशिराज, धृष्टद्युम्न, सात्यकी - विराटादि सब शंख बजाये।।

नभ गुंजित भै, शब्द भयंकर - जो कौरव पक्ष का दिल दहलाये।

(पद संख्या ४)

(श्लोक - २० से ४७ तक

अथ व्यवस्थितान्दृष्ट्वा धार्तराष्ट्रान् कपिध्वजः।
प्रवृत्ते शस्त्रसम्पाते धनुरुद्यम्य पाण्डवः।
हृषीकेशं तदा वाक्यमिदमाह महीपते ॥20॥

सेनयोरुभयोर्मध्ये रथं स्थापय मेऽच्युत ॥21॥
यावदेतानिरीक्षेऽहं योद्धकामानवस्थितान्।
कैर्मया सह योद्धव्यमस्मिन् रणसमुद्यमे ॥22॥

योत्स्यमानानवेक्षेऽहं य एतेऽत्र समागताः।
धार्तराष्ट्रस्य दुर्बुद्धेयुद्धे प्रियचिकीर्षवः ॥23॥

रण भेरि बजी जब उभय दलन की।

कुरु पति पाण्डव सेन डटी - जब आई घड़ी रण शस्त्र चलन की

पार्थ कहे निज सार्थ से, हे हरि - चाह बनी अरि मनो लखन की।।

दुष्ट सुधोधन पक्ष कौन नृप - जुटे चाह रखि विजय करन की।

दुहु दल मध्य रखहु रथ तब लगि - जब लगि लखऊँ न भीड़ नृपन की।।

स्वजन, स्वसुर, गुरूद्रोण पितामह - रथ राखे जहँ भीर बड़न की।

व्यथित पार्थ उपजा विषाद मन - सकल निरखि निज पूज्य वरन की।।

धनु-गाण्डीव गिरा तन काँपत - अश्रुधार बहि चली नयन की।

कुलक्षय पातक करन चले हा? - चाह रखि सुख राज्य करन की।।

तिहु पुर लागि न हतऊँ स्वजन हरि - तुच्छ राज्य लागि कौन कहन की।

कुल क्षय नारि बनति बनी दूषित - कारण शंकर वरण जनन की।।

लुप्त होत जब पिण्ड दान तब - होति अधोगति पितर जनन की।

कुल पातकी पुरुष गति पावत - बहुत काल तक नरक परन की।।

जेहि लगि चाहत राज्य खड़े सोई - त्यागि राज सुख आश बदन की।

कौरव जानि निहत्थ हतई जऊँ - चाह न तऊ कर शस्त्र गहन की।।

श्लोक - ४७ के भाव

सञ्जय उवाच।

एवमुक्तो हृषीकेशो गुडाकेशेन भारत।

सेनयोरुभयोर्मध्ये स्थापयित्वा रथोत्तमम्॥24॥

संजय बोले - रणभूमि में अर्जुन - शोक से अति उद्विगन भये ।

धनुष बाण को त्याग के रथ के - पिछले भाग में बैठ गये।।

अध्याय २

सांख्य योगः (श्लोक १ से ९)

सञ्जय उवाच।

तं तथा कृपयाविष्टमश्रुपूर्णाकुलेक्षणम्।

विषीदन्तमिदं वाक्यमुवाच मधुसूदनः॥1॥

श्रीभगवानुवाच।

कुतस्तवा कश्मलमिदं विषमे समुपस्थितम् ।

अनार्यजुष्टमस्वर्यमकीर्तिकरमर्जुन॥2॥

क्लैब्यं मा स्म गमः पार्थ नैतत्त्वय्युपपद्यते।

क्षुद्रं हृदयदौर्बल्यं त्यक्त्वोत्तिष्ठ परन्तप ॥3॥

संजय ने कहा - इस प्रकार करुणा से व्याप्त अर्जुन से श्री भगवान बोले

श्री भगवान बोले:

व्यथित धनन्जय नीर नयन में।

चकित कृष्ण पूछत यह उपाजा - विषम समय विषाद क्यों? मन में।।

नहिं यह श्रेष्ट जनन-जन सेवित - हेतु होत नहिं स्वर्ग मिलन में।

पृथा तनय तजु मन दुर्बलता - यह कारक अप कीर्ति करन में।।

अपुरुषत्व त्यागि तत्कालहिं - उठा अस्त्र लगु युद्ध यतन में।

अर्जुन उवाच।

कथं भीष्ममहं सङ्ख्ये द्रोणं च मधुसूदन।

इषुभिः प्रतियोत्स्यामि पूजार्हावरिसूदन ॥4॥

गुरूनहत्वा हि महानुभावान् श्रेयो भोक्तुं भैक्ष्यमपीह लोके ।

हत्वार्थकामांस्तु गुरूनिहैव भुञ्जीय भोगान् रुधिरप्रदिग्धान्

॥5॥

न चैतद्विद्मः कतरन्नो गरीयो यद्वा जयेम यदि वा नो जयेयुः।

यानेव हत्वा न जिजीविषाम स्तेऽवस्थिताः प्रमुखे धार्तराष्ट्राः

॥6॥

कार्पण्यदोषोपहतस्वभावः पृच्छामि त्वां धर्मसम्मूढचेताः।

यच्छ्रेयः स्यान्निश्चितं ब्रूहि तन्मे शिष्यस्तेऽहं शाधि मां त्वां प्रपन्नम्

॥7॥

न हि प्रपश्यामि ममापनुद्याद्य-

च्छोकमुच्छोषणमिन्द्रियाणाम्।

अवाप्य भूमावसपत्नमृद्धं

राज्यं सुराणामपि चाधिपत्यम् ॥8॥

सञ्जय उवाच। एवमुक्त्वा हृषीकेशं गुडाकेशः परन्तप।

न योत्स्य इति गोविन्दमुक्त्वा तूष्णीं बभूव ह ॥9॥

अर्जुन जी बोले -

पारथ आरत वचन सुनावत - पातक जेहि कटु वचन कहन में।।

केशव कैसे मोहिं लगावत - तापर घातक वार करन में।

भीष्म, द्रोणगुरू, सखा, स्वजन पर - शस्त्र प्रहार करव नहिं रन में।।

महानुभाव गुरुजन वध से भल - मोहि लागत भिच्छांन्न गहन में।

हेतु वनी वध रक्त सना यह - अर्थ काम का भोग मिलन में।।

जीतव हम की हमहिं वह जितिहहिं - यह निश्चय नहिं लगत लरन में।

जिन्हहिं मारि जीयन नहिं चाहत - वन्धु स्वजन सोई जुटे लखन में।।

किंकर्तव्यविमूढ़ हुये हरि - शिष्य हुए हम लेहुँ शरण में।

निश्चय करि हरि हमहि बतावहु - जो हित कर कल्याण करन में।।

पारथ रथ पाछे कहि बैठे - हे हरि होव प्रवित्त न रन में।

पद संख्या (२)

श्लोक (१० से ३० तक)

तमुवाच हृषीकेशं प्रहसन्निव भारत।
सेनयोरुभयोर्मध्ये विषीदन्तमिदं वचः ॥10॥

श्री भगवानुवाच।
अशोच्यानन्वशोचस्त्वं प्रज्ञावादांश्च भाषसे ।

गतासूनगतासुंश्च नानुशोचन्ति पण्डिताः॥11॥

न त्वेवाहं जातु नासं न त्वं नेमे जनाधिपाः।
न चैव न भविष्यामः सर्वे वयमतः परम्॥12॥

देहिनोऽस्मिन्यथा देहे कौमारं यौवनं जरा।
तथा देहान्तरप्राप्तिर्धीरस्तत्र न मुह्यति ॥13॥
मात्रास्पर्शास्तु कौन्तेय शीतोष्णसुखदुःखदाः।
आगमापायिनोऽनित्यास्तांस्तितिक्षस्व भारत॥14॥

यं हि न व्यथयन्त्येते पुरुषं पुरुषर्षभ।
समदुःखसुखं धीरं सोऽमृतत्वाय कल्पते॥15॥

नासतो विद्यते भावो नाभावो विद्यते सतः।
उभयोरपि दृष्टोऽन्तस्त्वनयोस्तत्त्वदर्शिभिः ॥16॥

अविनाशि तु तद्विद्धि येन सर्वमिदं ततम् ।
विनाशमव्ययस्यास्य न कश्चित्कर्तुमर्हति॥17॥

अन्तवन्त इमे देहा नित्यस्योक्ताः शरीरिणः।
अनाशिनोऽप्रमेयस्य तस्माद्युध्यस्व भारत॥18॥

य एनं वेत्ति हन्तारं यश्चैनं मन्यते हतम्।
उभौ तौ न विजानीतो नायं हन्ति न हन्यते॥19॥

न जायते म्रियते वा कदाचि
नायं भूत्वा भविता वा न भूयः।

अजो नित्यः शाश्वतोऽयं पुराणो
न हन्यते हन्यमाने शरीरे ॥20॥

वेदाविनाशिनं नित्यं य एनमजमव्ययम्।
कथं स पुरुषः पार्थ कं घातयति हन्ति कम्॥21॥

वासांसि जीर्णानि यथा विहाय नवानि गृह्णाति नरोऽपराणि।
तथा शरीराणि विहाय जीर्णा न्यन्यानि संयाति नवानि देही ॥22॥

नैनं छिन्दन्ति शस्त्राणि नैनं दहति पावकः ।
न चैनं क्लेदयन्त्यापो न शोषयति मारुतः ॥23॥

अच्छेद्योऽयमदाह्योऽयमक्लेद्योऽशोष्य एव च ।
नित्यः सर्वगतः स्थाणुरचलोऽयं सनातनः ॥24॥

अव्यक्तोऽयमचिन्त्योऽयमविकार्योऽयमुच्यते।
तस्मादेवं विदित्वैनं नानुशोचितुमर्हसि ॥25॥

अथ चैनं नित्यजातं नित्यं वा मन्यसे मृतम्।
तथापि त्वं महाबाहो नैवं शोचितुमर्हसि ॥26॥

जातस्य हि ध्रुवो मृत्युर्ध्रुवं जन्म मृतस्य च।
तस्मादपरिहार्येऽर्थे न त्वं शोचितुमर्हसि ॥27॥

अव्यक्तादीनि भूतानि व्यक्तमध्यानि भारत।
अव्यक्तनिधनान्येव तत्र का परिदेवना ॥28॥

आश्चर्यवत्पश्यति कश्चिदेन माश्चर्यवद्वदति तथैव चान्यः।
आश्चर्यवच्चैनमन्यः शृणोति श्रुत्वाप्येनं वेद न चैव कश्चित् ॥29॥

देही नित्यमवध्योऽयं देहे सर्वस्य भारत ।
तस्मात्सर्वाणि भूतानि न त्वं शोचितुमर्हसि ॥30॥

श्री भगवान बोले -

निज निश्चय कहि शिष्य बनत है।

गुनि अस मन मुसकाई मुरारी - शरण जानि उपदेश करत है।।

बोलत विज्ञ समान मगर नहिं - सोचन योग्य की सोच करत है।

हम तुम नृप सब पूर्व नहीं थे - रहव न फिर यह बात गलत है।।

जस बालकपन, युवा, ज़रा को - देह में देही ग्रहण करत है।

वैसे वह नूतन तन धारत - धीर पुरुष नहिं सोच करत है।।

इंद्रिय विषद संयोग के सुख-दुःख - सहन करहु यह अनित रहत है।

धीर पुरुष जो होत न व्याकुल - इससे वह पद मोक्ष वरत है।।

सत्ता है नहिं असत वस्तु की - सत्य अभाव न कबहुँ परत है।

देखि तत्वतः इन दोनों का - तत्व विज्ञ जन सकल कहत हैं।।

करि न सकत कोई नाश है जिसका - उससे सारा व्याप्त जगत है।

नाशवान सब शरीर उसके - करू रन यह कर्तव्य बनत है।।

मारन वाला तथा मरा जो - मानत है वह असत लखत है।

नित्य सनातन तथा अजन्मा - मारे तन वह नाहिं मरत है।।

जानत जन जो, इस प्रकार वह - कैसे मारत मरवावत है।

जैसे वसन पुरातन तजि के - नया वसन नर ग्रहण करत है।।

त्याग के देही देह पुरातन - वैसे नव-नव ग्रहण करत है।

आग जला, जल गला सकत नहिं - वायु न सुखत न शस्त्र कटत है।।

नित्य, सर्वगत, अचल, सनातन - अविकारी व अचित्य रहत है।

जन्म-मरण वाला यदि मानत - फिर भी सोच न योग्य बनत है।।

क्योंकि - मरे हुए का जन्म सुनिश्चित - जन्मन वाला अवश्य मरत है।

रहे प्रगट नहिं जन्म पूर्व में - मृत्यु बाद नहिं प्रगट रहत है।।

प्रगट है केवल मध्य में जो कि - ता की काहें सोच करत है।

महापुरुष कोई चकित निरेखत - उसी तरह कोई विज्ञ कहत है।।

चकित सुनत कोई-कोई अधिकारी - सुनि कुछ जन नहिं जानि सकत है।

अर्जुन सदा अबध्य आत्मा - तूँ तो नाहक सोच करत है।।

शब्द - अर्थ

असत - उत्पत्ति विनाशशील

सत - आत्मतत्व

सम्बन्ध : अब भगवान साख्य योग के सिद्धान्त से तथा क्षात्रधर्म की दृष्टि से युद्ध के औचित्य को सिद्ध करते हैं।

पद संख्या (३)

श्लोक - (३१ से ३८ तक)

स्वधर्ममपि चावेक्ष्य न विकम्पितुमर्हसि ।
धर्म्याद्धि युद्धाच्छ्रेयोऽन्यत्क्षत्रियस्य न विद्यते ॥31॥

यदृच्छया चोपपन्नं स्वर्गद्वारमपावृतम् ।
सुखिनः क्षत्रियाः पार्थ लभन्ते युद्धमीदृशम् ॥32॥

अथ चेत्त्वमिमं धर्म्यं संग्रामं न करिष्यसि।
ततः स्वधर्मं कीर्तिं च हित्वा पापमवाप्स्यसि ॥33॥

अकीर्तिं चापि भूतानि कथयिष्यन्ति तेऽव्ययाम्।
सम्भावितस्य चाकीर्ति मरणादतिरिच्यते ॥34॥

भयाद्रणादुपरतं मंस्यन्ते त्वां महारथाः ।
येषां च त्वं बहुमतो भूत्वा यास्यसि लाघवम् ॥35॥

अवाच्यवादांश्च बहून्वदिष्यन्ति तवाहिताः ।
निन्दन्तस्तव सामर्थ्यं ततो दुःखतरं नु किम् ॥36॥

हतो वा प्राप्स्यसि स्वर्गं जित्वा वा भोक्ष्यसे महीम्।
तस्मादुत्तिष्ठ कौन्तेय युद्धाय कृतनिश्चयः ॥37॥

सुखदुःखे समे कृत्वा लाभालाभौ जयाजयौ।
ततो युद्धाय युज्यस्व नैवं पापमवाप्स्यसि ॥38॥

श्री भगवान बोले -

त्यागन योग्य स्वधर्म ये है ना।

भाग्यवान क्षत्रिय कोई पावत - धर्म युद्ध भय लालक है ना।।

तन त्यागत जो सूर समर में - जात स्वर्ग यह संसय है ना।

त्यागत हो यदि धर्म युद्ध तो - पाप लगै अरु कीर्ति रहै ना।।

बहुत काल अपकीर्तिं कथहिं सब - इससे बदतर मरण भी है ना।

भय से भगा महारथि जानिहहिं - स्वजन दया मन में मनि हैं ना।।

निन्दा करि बैरी सब बोलिहहिं - बोलन योग्य वचन जो है ना।

विजय मिले भू राज्य मिलेगा - मरे स्वर्ग अपकीर्ति रहे ना।।

विजय पराजय; हानि-लाभ सम - समझि लरहु तब पाप गहै ना।

ज्ञान योग से बुद्धि कहीं यह - सम सुख-दुःख लड़ु व्दन्द रहे ना।।

सम्बन्ध : अब भगवान कर्म योग के सिद्धान्त से युद्ध के औचित्य को बतलाते हैं।

पद संख्या (४)

श्लोक - (३९ से ५३ तक)

एषा तेभिहिता साङ्ख्ये बुद्धिर्योगे त्विमां शृणु।
बुद्धया युक्तो यया पार्थ कर्मबन्धं प्रहास्यसि ॥39॥

नेहाभिक्रमनाशोऽस्ति प्रत्यवायो न विद्यते।
स्वल्पमप्यस्य धर्मस्य त्रायते महतो भयात् ॥40॥

व्यवसायत्मिका बुद्धिरेकेह कुरुनन्दन।
बहुशाखा ह्यनन्ताश्च बुद्धयोऽव्यवसायिनाम् ॥41॥

यामिमां पुष्पितां वाचं प्रवदन्त्यविपश्चितः।
वेदवादरताः पार्थ नान्यदस्तीति वादिनः ॥42॥

कामात्मानः स्वर्गपरा जन्मकर्मफलप्रदाम्।
क्रियाविशेषबहुला भोगैश्वर्यगति प्रति ॥43॥
भोगैश्वर्यप्रसक्तानां तयापहृतचेतसाम् |
व्यवसायात्मिका बुद्धिः समाधौ न विधीयते || 44||

त्रैगुण्यविषया वेदा निस्त्रैगुण्यो भवार्जुन।
निर्द्वन्द्वो नित्यसत्त्वस्थो निर्योगक्षेम आत्मवान् ॥45॥

यावानर्थ उदपाने सर्वतः सम्प्लुतोदके।
तावान्सर्वेषु वेदेषु ब्राह्मणस्य विजानतः ॥46॥

कर्मण्येवाधिकारस्ते मा फलेषु कदाचन।

मा कर्मफलहेतुर्भूर्मा ते सङ्गोऽस्त्वकर्मणि ॥47॥

योगस्थः कुरु कर्माणि सङ्गं त्यक्त्वा धनञ्जय ।
सिद्ध्यसिद्ध्योः समो भूत्वा समत्वं योग उच्यते ॥48॥

दूरेण ह्यवरं कर्म बुद्धियोगाद्धनञ्जय।
बुद्धौ शरणमन्विच्छ कृपणाः फलहेतवः ॥49॥

बुद्धियुक्तो जहातीह उभे सुकृतदुष्कृते।
तस्माद्योगाय युज्यस्व योगः कर्मसु कौशलम् ॥50॥

कर्मजं बुद्धियुक्ता हि फलं त्यक्त्वा मनीषिणः।
जन्मबन्धविनिर्मुक्ताः पदं गच्छन्त्यनामयम् ॥51॥

यदा ते मोहकलिलं बुद्धिर्व्यतितरिष्यति।
तदा गन्तासि निर्वेदं श्रोतव्यस्य श्रुतस्य च ॥52॥

श्रुतिविप्रतिपन्ना ते यदा स्थास्यति निश्चला।
समाधावचला बुद्धिस्तदा योगमवाप्स्यसि ॥53॥

श्री भगवान बोले -

सम बुद्धि ही भव बन्ध छुड़ाती।

ज्ञान योग बुद्धि तत्व सुने सुनु - कर्म योग बुद्धि कौन कहाती।।

उभय बुद्धि में सम बुद्धि ही है - डेहरि दीपक न्याय निभाती।

कर्म योग बुद्धि बीज न नाशत - जो करि विवष है पुनः लगाती।।

अल्प भी साधन साधक साधत - तारे बिन भव बाज न आती।

चाह नहीं फल की रहने से - फल विपरीत भी ना उपजाती।।

परम पिता में सदा समर्पित - कर्मों में फल चाह न लाती।

द्वन्दों में सम मात एक जो - वह व्यवसायी बुद्धि कहाती।।

अव्यवसायी बुद्धि सकामी - पुरुषन में अनेक हो जाती।

काम्य क्रिया जो वेद में वर्णित - भोग, ऐश्वर्य में प्रीति बढ़ाती।।

स्वर्ग से बढ़ कोई चीज न जिसमें - जन्म रूप फल सदा दिलाती।

चित्त हरा पुष्पित वाणी से - प्रभु में स्थिर होय न पाती।।

जब तिगुण के कार्य व साधन से हो - अनासक्त प्रभु में लग जाती।

तो जैसे पा परिपूर्ण जलाशय - लघु में प्रीति नहीं रह जाती।।

परमानन्द उदधि पा प्रभु का - काम तड़ाग न प्रीति लगाती।

कर्म में है अधिकार न फल में - फल त्यगवाय न कर्म त्यगाती।।

सम बुद्धि से कर्तव्य कर्म करू - सम बुद्धि ही है योग कहाती।

आश्रय करू सम बुद्धि योग का - बुद्धि सक्रामी दीन कहाती।।

सम बुद्धि ही है कर्म कुशलता - पाप पुण्य दोनों त्यगवाती।

जन्म रूप बन्धन छुड़वा कर - मुक्ति परम पद प्राप्त कराती।।

मोह कलिल को पार कराके - भोगों से वैराग्य दिलाती।

भाँति-भाँति वचनों से विचलित - जब हो थिर प्रभु में लग जाती।

योग करा के पूर्ण प्रभु से - अर्जुन नित संयोग कराती।।

सम्बन्ध : अब अर्जुन जी सम बुद्धि के द्वारा परमात्मा को प्राप्त स्थितिप्रज्ञ का लक्षण - व आचरण जानने की इच्छा से प्रश्न करते हैं।

श्लोक - (५४ से ७२ तक)

अर्जुन उवाच।

स्थितप्रज्ञस्य का भाषा समाधिस्थस्य केशव ।
स्थितधीः किं प्रभाषेत किमासीत व्रजेत किम् ॥54॥

श्रीभगवानुवाच। प्रजहाति यदा कामान्सर्वान्पार्थ मनोगतान्।
आत्मन्येवात्मना तुष्टः स्थितप्रज्ञस्तदोच्यते ॥55॥

दुःखेष्वनुद्विग्नमनाः सुखेषु विगतस्पृहः ।
वीतरागभयक्रोधः स्थितधीर्मुनिरुच्यते ॥56॥

यः सर्वत्रानभिस्नेहस्तत्तत्प्राप्य शुभाशुभम्।
नाभिनन्दति न द्वेष्टि तस्य प्रज्ञा प्रतिष्ठिता ॥57॥

यदा संहरते चायं कूर्मोऽङ्गानीव सर्वशः।
इन्द्रियाणीन्द्रियार्थेभ्यस्तस्य प्रज्ञा प्रतिष्ठिता ॥58॥

विषया विनिवर्तन्ते निराहारस्य देहिनः।
रसवर्जं रसोऽप्यस्य परं दृष्ट्वा निवर्तते ॥59॥

यततो ह्यपि कौन्तेय पुरूषस्य विपश्चितः।
इन्द्रियाणि प्रमाथीनि हरन्ति प्रसभं मनः ॥60॥

तानि सर्वाणि संयम्य युक्त आसीत मत्परः।
वशे हि यस्येन्द्रियाणि तस्य प्रज्ञा प्रतिष्ठिता ॥61॥

ध्यायतो विषयान्पुंसः सङ्गस्तेषूपजायते ।
सङ्गात्सञ्जायते कामः कामात्क्रोधोऽभिजायते ॥62॥

क्रोधाद्भवति सम्मोहः सम्मोहात्स्मृतिविभ्रमः।
स्मृतिभ्रंशाद् बुद्धिनाशो बुद्धिनाशात्प्रणश्यति ॥63॥

रागद्वेषवियुक्तैस्तु विषयानिन्द्रियैश्चरन्।
आत्मवश्यैर्विधेयात्मा प्रसादमधिगच्छति ॥64॥

प्रसादे सर्वदुःखानां हानिरस्योपजायते।
प्रसन्नचेतसो ह्याशु बुद्धिः पर्यवतिष्ठते ॥65॥

नास्ति बुद्धिरयुक्तस्य न चायुक्तस्य भावना।
न चाभावयतः शान्तिरशान्तस्य कुतः सुखम् ॥66॥

इन्द्रियाणां हि चरतां यन्मनोऽनुविधीयते।
तदस्य हरति प्रज्ञां वायु वमिवाम्भसि ॥67॥

तस्माद्यस्य महाबाहो निगृहीतानि सर्वशः ।
इन्द्रियाणीन्द्रियार्थेभ्यस्तस्य प्रज्ञा प्रतिष्ठिता ॥68॥

या निशा सर्वभूतानां तस्यां जागर्ति संयमी।

यस्यां जाग्रति भूतानि सा निशा पश्यतो मुनेः ॥69॥

आपूर्यमाणमचलप्रतिष्ठं समुद्रमापः प्रविशन्ति यद्वत् ।
तद्वत्कामा यं प्रविशन्ति सर्वे स शान्तिमाजोति न कामकामी
॥70॥

विहाय कामान्यः सर्वान्पुमांश्चरति निःस्पृहः
निर्ममो निरहङ्कारः स शान्तिमधिगच्छति ॥71॥

एषा ब्राह्मी स्थितिः पार्थ नैनां प्राप्य विमुह्यति ।
स्थित्वास्यामन्तकालेऽपि ब्रह्मनिर्वाणमृच्छति ॥72॥

अर्जुन जी बोले -

अर्जुन प्रश्न ये चारि उठाये!

स्थितप्रज्ञ पुरुष में, केशव - क्या लक्षण पाया जाये?

कैसे बोलत बैठत है वह - और वो कैसे चल पाये?

बोलन से मन भाव बैठना - अक्रिय अवस्था दरसाये।

चलने से तात्पर्य है कैसे - वह अपना व्यापार निभाये।।

श्री भगवान बोले -

हरि बोले जिस काल सकल - कामनाहीन मन हो जाये।

चित्त लगा परमात्म स्वरूप में - नित्य तृप्त तब हो जाये।।

स्थितप्रज्ञ पुरुष में लक्षण - यही पार्थ पाया जाये।

सुख में निस्पृह रहता है जो - दुःख न विचलित कर पाये।।

भय व क्रोध रहित हो करके - राग न द्वेष शुभा-शुभ लाये।

स्नेह रहित सर्वत्र विचरता - यहीं बोलना कहलाये।।

बैठन भाव में कच्छप जैसे - सब अंगन को सिमटाये।

विषयों से इन्द्रिय सिमटे तो - स्थितप्रज्ञ में आ जाये।।

केवल विषय न सेवन सेतो - आसक्ति ना मिट पाये।

जब परमात्मा में चित्त लगे - तब आसक्ति ना रह पाये।।

आसक्ति से प्रमधन वाली - इन्द्रिय मन को हर लाये।

इन्द्रिय वश करि मम पारायण - ध्यान धरे बुद्धि थिर हो जाये।।

चिन्तन विषय से आसक्ति उपजे - आसक्ति कामना बनाये।

विघ्न कामना क्रोध उपजाये - क्रोध से मूढ़ भाव उपजाये।।

मूढ़ भाव से नाश होति बुद्धि - नाश भये बुद्धि पतन पराये।

इन्द्रिय राग द्वेष हीन करि - अंतःकरण स्वाधीन बनाये।।

साधक करि संयोग विषय से - हर्षित अंतःकरण कराये।

अंतःकरण प्रसन्न भये से - नाश सकल दुःख हो जाये।।

सभी ओर से बुद्धि हटा कर - भली भाँति तब थिर हो जाये।

बुद्धि निश्चयी होय न जब तक - तब तक मन बुद्धि जीत का पाये।।

नहीं भावना पुरुष में ऐसे - भावहीन जो शान्ति न पाये।

शान्ति हीन जो पुरुष है पारथ - कभी सुखी ना हो पाये।।

चलती हुई नाव जल ऊपर - वायु से जैसे हर ली जाये।

विषय विचरनी बुद्धि को वैसे - इन्द्रिय मन से हर ले आये।।

इससे इन्द्रिय वश में जिसकी - उसकी ही बुद्धि थिर हो पाये।

संसारी सुख में सब जागत - जोगी जाये सोय बिताये।।

योगी जागत परमानन्द में - तामे सो सब जीव गवाये।

जैसे जल जा सरिताओं का - विचलित करि नहिं उदधि समाये।।

स्थितप्रज्ञ में भोग सकल तस - जात समाई विकार न लाये।

सकल कामना, अहंकार तजि - निर्मम व निष्पृह हो जाये।।

विचरत ऐसे शान्ति सो पावत - चलना उसका यही कहाये।

स्थिति है यह ब्रह्म प्राप्त की - जिसको पाय न मोह सताये।।

अन्त समय इस स्थिति में रहि - परमानंद परम पद पाये।।

इति

शब्द - अर्थ

निर्मम - ममता रहित

निष्पृह - सूक्ष्म कामनाओं का त्याग

अध्याय-३

(कर्मयोग)

पद संख्या (१)

श्लोक - (१ से २ तक)

अर्जुन उवाच।

ज्यायसी चेत्कर्मणस्ते मता बुद्धिर्जनार्दन ।

तत्किं कर्मणि घोरे मां नियोजयसि केशव ॥1॥
व्यामिश्रेणेव वाक्येन बुद्धिं मोहयसीव मे ।
तदेकं वद निश्चित्य येन श्रेयोऽहमाप्नुयाम् ॥2॥

अर्जुन जी बोले -

बुद्धि योग गुनि ज्ञान भरम में,

पार्थ कहें, यदि ज्ञान श्रेष्ठ है - मान्य करम तोहिं ज्ञान से कम में।।

कर्म निकृष्ट है बुद्धि योग से - केशव कहे जो आप प्रथम में।

फिर क्यों मुझको लगा रहे हो - हे योगेश्वर घोर करम में।।

मिश्रित वचन से बुद्धि हमारी - जैसे उलझाते उलझन में।

निश्चय करि हरि हमहिं बतावहु - श्रेष्ठ जो मम कल्यान करन में।।

सम्बन्ध : अब श्री भगवान अर्जुन के प्रश्न का उत्तर देते हुए उनका निश्चित कर्तव्य भक्ति प्रधान कर्म योग का वर्णन करते हैं।

पद संख्या (२)

श्लोक - (३ से २१ तक)

श्रीभगवानुवाच।

लोकेऽस्मिन्द्विविधा निष्ठा पुरा प्रोक्ता मयानघ ।
ज्ञानयोगेन साङ्ख्यानां कर्मयोगेन योगिनाम् ॥3॥

न कर्मणामनारम्भान्नैष्कर्म्यं पुरुषोऽश्नुते ।
न च संन्यसनादेव सिद्धिं समधिगच्छति ॥4॥

न हि कश्चित्क्षणमपि जातु तिष्ठत्यकर्मकृत् ।
कार्यते ह्यवशः कर्म सर्वः प्रकृतिजैर्गुणैः ॥5॥

कर्मेन्द्रियाणि संयम्य य आस्ते मनसा स्मरन्।
इन्द्रियान्विमूढात्मा मिथ्याचारः स उच्यते ॥6॥

यस्त्विन्द्रियाणि मनसा नियम्यारभतेऽर्जुन।
कर्मेन्द्रियैः कर्मयोगमसक्तः स विशिष्यते ॥7॥

नियतं कुरु कर्म त्वं कर्म ज्यायो ह्यकर्मणः।
शरीरयात्रापि च ते न प्रसिद्ध्येदकर्मणः ॥8॥

यज्ञार्थात्कर्मणोऽन्यत्र लोकोऽयं कर्मबन्धनः

तदर्थं कर्म कौन्तेय मुक्तसङ्गः समाचर ॥9॥

सहयज्ञाः प्रजाः सृष्ट्वा पुरोवाच प्रजापतिः।
अनेन प्रसविष्यध्वमेष वोऽस्त्विष्टकामधुक्॥10॥

देवान्भावयतानेन ते देवा भावयन्तु वः ।
परस्परं भावयन्तः श्रेयः परमवाप्स्यथ ॥11॥

इष्टान्भोगान्हि वो देवा दास्यन्ते यज्ञभाविताः ।
तैर्दत्तानप्रदायैभ्यो यो भुतस्तेन एव सः ॥12॥

यज्ञशिष्टाशिनः सन्तो मुच्यन्ते सर्वकिल्बिषैः ।
भुज्यते ते त्वघं पापा ये पचन्त्यात्मकारणात् ॥13॥

अन्नाद्भवन्ति भूतानि पर्जन्यादन्नसम्भवः ।
यज्ञाद्भवति पर्जन्यो यज्ञः कर्मसमुद्भवः ॥14॥

कर्म ब्रह्मोद्भवं विद्धि बह्माक्षरसमुद्भवम् ।
तस्मात्सर्वगतं। ब्रह्म नित्यं यज्ञे प्रतिष्ठितम् ॥15॥

एवं प्रवर्तितं चक्रं नानुवर्तयतीह यः ।
अघायुरिन्द्रियारामो मोघं पार्थ स जीवति ॥16॥

यस्त्वात्मरतिरेव स्यादात्मतृप्तश्च मानवः ।
आत्मन्येव च सन्तुष्टस्तस्य कार्यं न विद्यते ॥17॥

नैव तस्य कृतेनार्थो नाकृतेनेह कश्चन ।
न चास्य सर्वभूतेषु कश्चिदर्थव्यपाश्रयः ॥18॥

तस्मादसक्तः सततं कार्यं कर्म समाचर ।
असक्तो ह्याचरन्कर्म परमाप्नोति पुरुषः ॥19॥

कर्मणैव हि संसिद्धिमास्थिता जनकादयः ।
लोकसंग्रहमेवापि सम्पश्यन्कर्तुमर्हसि ॥20॥

यद्यदाचरति श्रेष्ठस्तत्तदेवेतरो जनः ।
स यत्प्रमाणं कुरुते लोकस्तदनुवर्तते ॥21॥

श्री भगवान बोले :

पूर्व कही मेरे द्वारा दो - निष्ठा शास्त्र बताता है।

ज्ञान योग से सांख्य को - योगी कर्म योग से पाता है।।

ना योगी नैष्कर्म सिद्धि को - बिना कर्म के पाता है।

ज्ञान सिद्धि भी मात्र कर्म के - त्याग से ना कोई पाता है।।

(क्योंकि,) किसी काल ना क्षण भर कोई - बिना कर्म रह पाता है।

प्रकृति जनित गुण से परवश करि - कर्म कराया जाता है।।

हठ से इन्द्रिय रोक जो मन से - चिन्तन विषय करता है।

हे पार्थ, मूढ़ वह मानव है - मिथ्याचारी कहलाता है।।

इन्द्रिय जीत हो जो इन्द्रिन से - कर्मयोग करवाता है।

अनासक्त विचरण करता - वह श्रेष्ठ पुरुष कहलाता है।।

कर्तव्य कर्म कर ना करने से - करना श्रेष्ठ में आता है।

बिना कर्म के तन का भी - निर्वाह नहीं हो पाता है।।

यज्ञ हेतु से भिन्न कर्म जो - बन्धन वहीं बनाता है।

अनासक्त हो करो कर्म - जो यज्ञ हेतु में आता है।।

यज्ञ सहित रचि प्रजा आदि में - ब्रह्मा यही बताता है।

यज्ञ से तुम सब वृद्धि करो - यह इच्छित भोग प्रदाता है।।

तुम करो यज्ञ से देवोन्नत - वह उन्नत तुम्हें बनाता है।

निःस्वार्थ परस्पर उन्नत करि - कल्याण प्राप्त हो जाता है।।

यज्ञ से बढ़े देव बिन माँगे - इच्छित भोग दिलाता है।

देव जनो का दिया भोग जो - उनको नहीं चढ़ाता है।।

खुद ही उसे भोगता जो - वह मानव चोर कहलाता है।

यज्ञ से बचा अन्न जो खाता - पाप मुक्त हो जाता है।।

जो अपने लिये पकाता है - वह पापी पाप ही खाता है।

अन्न से सब प्राणी उपजे है - वृष्टि अन्न उपजाता है।।

यज्ञ से होती वृष्टि, यज्ञ - कर्तव्य कर्म करवाता है।

वेद से हुए कर्म, वेद को - परम पुरुष प्रगटाता है।।

सिद्ध हुआ वह अविनाशी - नित यज्ञ निवास बनाता है।

कर्म, परम्परा, सृष्टि चक्र - अनुकूल जो नहीं निभाता है।।

वह रमने वाला भोग में पापी - जीवन व्यर्थ बिताता है।

आत्मा में संतुष्ट तृप्त जो - आत्मा में रम जाता है।।

सम्पूर्ण प्राणियों में जिसका - कुछ स्वार्थ नहीं रह जाता है।

ऐसे सिद्ध के कर्तव्यों में - कर्म नहीं रह जाता है।।

हो अनासक्त इसलिये करो - कर्तव्य कर्म जो आता है।

अनासक्त कर्तव्य कर्म से - परमपिता मिल जाता है।।

जनकादि सिद्ध ज्ञानी जन का - आचार प्रमाण में आता है।

इससे और लोक हित में भी - कर्म ही श्रेष्ठ कहाता है।।

शब्द - अर्थ

गुण विभाग - सत्व, रज और तम ये तीनों गुण ही - बुद्धि, अहंकार, मन, पाँच महाभूत, पाँच तन्मात्रा, दस इन्द्रियाँ इन तेईस तत्वों को गुण विभाग कहते हैं।

कर्म विभाग - उपर्युक्त गुण विभाग द्वारा जो क्रिया होती है उसे कर्म विभाग कहते हैं।

सम्बन्ध : अब श्री भगवान कर्म करने से किस प्रकार लोक संग्रह होता है, यह समझाने के लिए कहते हैं।

पद संख्या (३)

श्लोक - (२२ से २९ तक)

न मे पार्थास्ति कर्तव्यं त्रिषु लोकेषु किञ्चन ।
नानवाप्तमवाप्तव्यं वर्त एव च कर्मणि ॥22॥

यदि ह्यहं न वर्तेयं जातु कर्मण्यतन्द्रितः ।
मम वानुवर्तन्ते मनुष्याः पार्थ सर्वशः ॥23॥

उत्सीदेयुरिमे लोका न कुर्यां कर्म चेदहम् ।
सङ्करस्य च कर्ता स्यामुपहन्यामिमाः प्रजाः ॥24॥

सक्ताः कर्मण्यविद्वांसो यथा कुर्वन्ति भारत।
कुर्याद्विद्वांस्तथासक्तश्चिकीर्षुर्लोकसंग्रहम् ॥25॥

न बुद्धिभेदं जनयेदज्ञानां कर्मसङ्गिनाम्।
जोषयेत्सर्वकर्माणि विद्वानयुक्तः समाचरन् ॥26॥

प्रकृतेः क्रियमाणानि गुणैः कर्माणि सर्वशः ।
अहङ्कारविमूढात्मा कर्ताहमिति मन्यते ॥27॥

तत्त्ववित्तु महाबाहो गुणकर्मविभागयोः।
गुणा गुणेषु वर्तन्त इति मत्वा न सज्जते ॥28॥

प्रकृतेर्गुणसम्मूढाः सज्जन्ते गुणकर्मसु ।
तानकृत्स्नविदो मन्दान्कृत्स्नविन्न विचालयेत् ॥29॥

श्री भगवान बोले :

ज्ञानी भी नहिं कर्म तजत है।

श्रेष्ठ पुरुष जो करत आचरण - अन्य पुरुष अनुकरण करत है।।

जो कुछ वह प्रमाण कर जाता - सोई पंथ नर समुदाय चलत है।

मैं पूर्ण काम हूँ, ना त्रिलोक में - मेरा कुछ कर्तव्य बनत है।।

फिर भी सदा सावधान हो - सकल करम कर्तव्य करत हैं।

क्योंकि सब प्रकार से मानव - मेरा ही अनुसरण करत है।।

यदि न करूँ मैं कर्म तो मानव - नष्ट भ्रष्ट हो पतन परत है।

धर्म नाश संकरता का फिर - जिससे पातक पार्थ लगत है।।

कर्मासक्त मन्दबुद्धि मानव - जिस प्रकार आचार करत है।

अनासक्त ज्ञानी जन भी तस - चाहि लोकहित कर्म करत।।

अज्ञानी बुद्धि में ना ज्ञानी - अश्रद्धा उत्पन्न करत है।

प्रेरत शास्त्र विहित करमन में - वैसा ही वह स्वयं करत है।।

वास्तव में गुण, प्रकृति जनित हि - सब प्रकार सब करम करत है।

अहंकार बस, मैं कर्ता हूँ - आज्ञानी अस मान रखत है।।

गुण व कर्म विभाग तत्व का - ज्ञानी जो कि, ज्ञान रखत है।

बरतत गुण गुड़ में अस गुनि के - उनमें ना आसक्त रहत है।।

गुण से मोहित व्यक्ति को विचलित - ज्ञानी, अर्जुन, नहीं करत है।।

शब्द - अर्थ

कर्मासक्त - कर्म फल में चाह रखना

सम्बन्ध : अब श्री भगवान, अर्जुन को परम कल्याण प्राप्ति का निश्चित सर्वश्रेष्ट साधन बतलाते हुए युद्ध की आज्ञा देते हैं।

पद संख्या (४)

श्लोक - (३० से ३५ तक)

मयि सर्वाणि कर्माणि संन्यस्याध्यात्मचेतसा ।
निराशीर्निर्ममो भूत्वा युध्यस्व विगतज्वरः ॥30॥

ये मे मतमिदं नित्यमनुतिष्ठन्ति मानवाः।
श्रद्धावन्तोऽनसूयन्तो मुच्यन्ते तेऽपि कर्मभिः ॥31॥

ये त्वेतदभ्यसूयन्तो नानुतिष्ठन्ति मे मतम्।
सर्वज्ञानविमूढांस्तान्विद्धि नष्टानचेतसः ॥32॥

सदृशं चेष्टते स्वस्याः प्रकृतेर्ज्ञानवानपि ।
प्रकृतिं यान्ति भूतानि निग्रहः किं करिष्यति ॥33॥

इन्द्रियस्येन्द्रियस्यार्थे रागद्वेषौ व्यवस्थितौ।
तयोर्न वशमागच्छेत्तौ ह्यस्य परिपन्थिनौ ॥34॥

श्रेयान्स्वधर्मो विगुणः परधर्मात्स्वनुष्ठितात्।
स्वधर्मे निधनं श्रेयः परधर्मो भयावहः ॥35॥

श्री भगवान बोले :

निश्चित सर्वश्रेष्ट साधन में।

मोहि चित राखि त्यागि ममता को - बिना आस सन्ताप न मन में।।

करू रन करि सब कर्म समर्पित - अंतर्यामी परमात्मन में।

श्रद्धा सहित न दोष दृष्टि रखि - लगा जो मत अनुसरण करन में।।

छूट जात सम्पूर्ण कर्म से - बँधत नहीं वह कर्म बंधन में।

पर मुझमें दोषारोपण करि - मत विपरीत जो लगा चलन में।।

नष्ट हुआ हो जान उसे वह - मोहित मूर्ख सकल ज्ञानन में।

पर बस हो स्वभाव से प्राणी - लगे हुए सब कर्म करन में।।

ज्ञानी भी निज प्रकृति में बरतत - वश नहिं चलत है कर्म तजन में।

नदियों का प्रवाह सागर मुख - जैसे शक्य न रोक सकन में।।

दिशा बदल दी जा सकती है - शक्य स्वभाव भी परिवर्तन में।

राग, द्वेष दो महान शत्रु - छिपे जो गो-गो के विषयन में।।

वश में इनके होय न मानव - ये बाधक कल्याण करन में।

आन धर्म भलि भाँति आचरित - भी दुःखदायक होत फलन में।।

बिगुण स्वधर्म में मरण भी अर्जुन - है हितकर कल्याण करन में।

शब्द -अर्थ

गो - इन्द्रिय

इन्द्रिय विषय - शब्द, स्पर्श, रूप, रस, गंध इन्हें इन्द्रिय विषय कहते हैं।

सम्बन्ध : अब अर्जुन परधर्म सेवन और निषिद्ध आचरण से सब प्रकार हानि होने पर भी विचार व धर्म के विरुद्ध पाप कर्म में किस प्रकार प्रवृत्त हो जाते हैं - यह जानने की इच्छा से पूछते हैं, और भगवान उत्तर देते हैं।

श्लोक - (३६ से ४३ तक)

अर्जुन उवाच।
अथ केन प्रयुक्तोऽयं पापं चरति पूरुषः ।
अनिच्छन्नपि वार्ष्णेय बलादिव नियोजितः ॥36॥

श्रीभगवानुवाच। काम एष क्रोध एष रजोगुणसमुद्भवः ।
महाशनो महापाप्मा विद्धयेनमिह वैरिणम् ॥37॥

धूमेनावियते वह्निर्यथादर्शो मलेन च ।
यथोल्बेनावृतो गर्भस्तथा तेनेदमावृतम् ॥38॥

आवृतं ज्ञानमेतेन ज्ञानिनो नित्यवैरिणा ।
कामरूपेण कौन्तेय दुष्पूरेणानलेन च ॥39॥

इन्द्रियाणि मनो बुद्धिरस्याधिष्ठानमुच्यते ।
एतैर्विमोहयत्येष ज्ञानमावृत्य देहिनम् ॥40॥

तस्मात्त्वमिन्द्रियाण्यादौ नियम्य भरतर्षभ।
पाप्मानं प्रजहि ह्येनं ज्ञानविज्ञाननाशनम् ॥41॥

इन्द्रियाणि पराण्याहुरिन्द्रियेभ्यः परं मनः।
मनसस्तु परा बुद्धिर्यो बुद्धेः परतस्तु सः ॥42॥

एवं बुद्धेः परं बुद्ध्वा संस्तभ्यात्मानमात्मना ।
जहि शत्रु महाबाहो कामरूपं दुरासदम् ॥43॥

अर्जुन जी बोले :

अनचाहे क्यों पाप करत है?

पातक चाह न हानि को जानि - तो प्रेरित कौन बलात करत है?

श्री भगवान बोले :

हरि बोले रज से उत्पन्न ये - काम ही क्रोध का रूप धरत है।

बड़ पापी न अघात कभी यह - साम न दान से मान सकत है।।

दण्ड की नीति प्रयोग भली - हर पाप की मूल में काम रहत है।

अनल समान सदा दुष्पूर - जो पाय विषय सुख और बढ़त है।।

धूम से अग्नि, मैल से दर्पण - जेर गरभ जस ढाँकि रखत है।

ज्ञानि जनों का नित्य शत्रु तस - ज्ञान को ढाँकि के काम रखत है।।

मन व बुद्धि तथा इन्द्रिन में - यह निवास स्थान करत है।

इससे करू इन्द्रिय वश पहले - भारु काम जो ज्ञान हरत है।।

तन स्थूल से परे इन्द्रियाँ - इन्द्रिय पर मन मान रखत है।

बुदि मन से पर और बुद्धि से - आत्मा अति बलवान परत है।।

बुद्धि द्वारा मन वश करि अर्जुन - हते काम रिपु बात बनत है।।

शब्द -अर्थ
जेर - गर्भनाल

सम्बन्ध : अब श्री भगवान कर्म योग की अनादिता सिद्ध करते हुए - कर्म योग की गहनता को समझाने के लिए, पुनः उसी प्रकरण को चौथे अध्याय में आरम्भ करते है।।

अध्याय-४

पद १

श्लोक - (१ से ३)

(ज्ञान कर्म सन्यास योग)

श्रीभगवानुवाच।

इमं विवस्वते योगं प्रोक्तवानहमव्ययम्।

विवस्वान्मनवे प्राह मनुरिक्ष्वाकवेऽब्रवीत् ॥1॥

एवं परम्पराप्राप्तमिमं राजर्षयो विदुः ।

स कालेनेह महता योगो नष्टः परन्तप ॥2॥

स एवायं मया तेऽद्य योगः प्रोक्तः पुरातनः।

भक्तोऽसि मे सखा चेति रहस्यं ह्येतदुत्तमम् ॥3॥

श्री भगवान बोले :

कहे योग यह पार्थ पुरातन।

प्रथम कहा था सूर्य से मैने - सूर्य कहे निज पुत्र मनू सन।।

मनू कहे इच्छाकु पुत्र से - फिर पाये यह राजर्षी जन।

किन्तु लोक में बहुत काल से - लुप्त हुआ यह योग सनातन।।

आज कहे उत्तम रहस्य सोइ - भक्त सखा तोहिं जाने के आपन।

अर्जुन जी बोले :

पार्थ कहे अब आप हुए हरि - सूर्य जन्म कल्पादि पुरातन।।

कैसे मैं मानूं मधुसूदन - कहे पूर्व में भ्रम उपजत मन।

कहे योग यह पार्थ पुरातन।।

श्लोक - (४ से १२ तक)

पद २

अर्जुन उवाच।

अपरं भवतो जन्म परं जन्म विवस्वतः ।

कथमेतद्विजानीयां त्वमादौ प्रोक्तवानिति ॥4॥

श्रीभगवानुवाच।

बहूनि मे व्यतीतानि जन्मानि तव चार्जुन ।

तान्यहं वेद सर्वाणि न त्वं वेत्थ परन्तप ॥5॥

अजोऽपि सन्नव्ययात्मा भूतानामीश्वरोऽपि सन्।

प्रकृतिं स्वामधिष्ठाय सम्भवाम्यात्ममायया ॥6॥

यदा यदा हि धर्मस्य ग्लानिर्भवति भारत ।

अभ्युत्थानमधर्मस्य तदात्मानं सृजाम्यहम् ॥7॥

परित्राणाय साधूनां विनाशाय च दुष्कृताम्।
धर्मसंस्थापनार्थाय सम्भवामि युगे युगे ॥8॥

जन्म कर्म च मे दिव्यमेवं यो वेत्ति तत्त्वतः ।
त्यक्त्वा देहं पुनर्जन्म नैति मामेति सोऽर्जुन ॥9॥

वीतरागभयक्रोधा मन्मया मामुपाश्रिताः ।
बहवो ज्ञानतपसा पूता मद्भावमागताः ॥10॥

ये यथा मां प्रपद्यन्ते तांस्तथैव भजाम्यहम् ।
मम वर्त्मानुवर्तन्ते मनुष्याः पार्थ सर्वशः ॥11॥

काङ्क्षन्तः कर्मणां सिद्धिं यजन्त इह देवताः ।
क्षिप्रं हि मानुषे लोके सिद्धिर्भवति कर्मजा ॥12॥

श्री भगवान बोले :

जन्म अनेक हुए हमहन के।

तु अल्पज्ञ ज्ञात नहिं ताने - जानऊँ मैं सर्वज्ञ सवन के।।

यद्यपि मैं अज अविनाशी हूँ - ईश्वर हूँ सब प्राणि जनन के।

प्रकृति अधीन करि योग शक्ति से - प्रगट होऊं जब आवत मन के।।

जब-जब वृद्धि होति अधरम की - धर्म गती जब परत पतन के।

तब - तब प्रगटऊँ साधु उधारन - ओरे असुर संहार करन के।।

जन्म, कर्म मम दिव्य अलौकिक - जो जन जानत इन तत्वन के।

मुक्त होत वह जन्म बंधन से - प्राप्त करत मोहि त्यागि वदन के।।

क्रोध, राग, भय हीन होय शुचि - तरे बहुत करि ज्ञान तपन के।।

जेहि विधि भक्त भजत मोंहि, पारथ - तेहि विधि मैं भजता भक्तन के।

क्योंकि मेरा मार्ग सभी विधि - लगे सभी अनुशरण करन के।।

चाहि कर्म फल देवन पूजहिं - देहि शीघ्र सुर कर्म फलन के।

अनुष्ठान कर्ता हित अनहित - चिन्त रहत नहिं देव जनन के।।

देहि विहित फल अनुष्ठान का - फल रागी नर यजहिं सुरन के।

चाहत फल यदि भक्त हमार तो - हितकर देऊँ न अहित फलन के।।

सम्बन्ध : अब श्री भगवान अपने सृष्टि रचनादि कर्मों की दिव्यता बताते हुए मुमुक्षु पुरुषों का उदाहरण देते हुए अर्जुन को निष्काम कर्म करने की आज्ञा देते हैं।

श्लोक - (१३ से २३ तक)

पद ३

चातुर्वर्यं मया सृष्टं गुणकर्मविभागशः।
तस्य कर्तारमपि मां विद्धयकर्तारमव्ययम् ॥13॥

न मां कर्माणि लिम्पन्ति न मे कर्मफले स्पृहा।
इति मां योऽभिजानाति कर्मभिर्न स बध्यते ॥14॥

एवं ज्ञात्वा कृतं कर्म पूर्वैरपि मुमुक्षुभिः।

कुरु कर्मैव तस्मात्त्वं पूर्वैः पूर्वतरं कृतम्॥15॥

किं कर्म किमकर्मेति कवयोऽप्यत्र मोहिताः।
तत्ते कर्म प्रवक्ष्यामि यज्ज्ञात्वा मोक्ष्यसेऽशुभात् ॥16॥

कर्मणो ह्यपि बोद्धव्यं बोद्धव्यं च विकर्मणः ।
अकर्मणश्च बोद्धव्यं गहना कर्मणो गतिः ॥17॥

कर्मण्यकर्म यः पश्येदकर्मणि च कर्म यः।
स बुद्धिमान्मनुष्येषु स युक्तः कृत्स्नकर्मकृत् ॥18॥

यस्य सर्वे समारम्भाः कामसङ्कल्पवर्जिताः।
ज्ञानाग्निदग्धकर्माणं तमाहुः पण्डितं बुधाः ॥19॥

त्यक्त्वा कर्मफलासङ्गं नित्यतृप्तो निराश्रयः।
कर्मण्यभिप्रवृत्तोऽपि नैव किञ्चित्करोति सः ॥20॥

निराशीर्यतचित्तात्मा त्यक्तसर्वपरिग्रहः ।
शारीरं केवलं कर्म कुर्वन्नाप्नोति किल्बिषम् ॥21॥

यद्दच्छालाभसंतुष्टो द्वन्द्वातीतो विमत्सरः ।
समः सिद्धावसिद्धौ च कृत्वापि न निबध्यते ॥22॥

गतसङ्गस्य मुक्तस्य ज्ञानावस्थितचेतसः।
यज्ञायाचरतः कर्म समग्रं प्रविलीयते ॥23॥

श्री भगवान बोले :

दिव्य कर्म गति श्याम सुझाये।

गुण व कर्म विभाग अनुसार मैं - चारिउ वर्णन को उपजाये।

यद्यपि वर्णों का कर्ता हूँ - फिर भी अकर्ता कहलाये।।

नहीं स्पृहा कर्म फलों में - ताते कर्म न मोहि लियाये।

येहि विधि तत्व से जो मोहिं जानत - ताहिं न बन्धन कर्म बनाये।।

पूर्व मुमुक्षु तरे करि ये हि विधि - सोई पथ पारथ तोहि सुहाये।

क्या है कर्म, अकर्म ये निर्णय - बुध जन बुद्धि भी भ्रम उपजाये।।

भली भाँति समझाई कहउँ वह - कर्म बंधन जो पार्थ छुड़ाये।

कर्म, अकर्म, विकर्म स्वरूप को - जानव आवश्यक बतलाये।।

कर्म गती अति गहन पार्थ जो - कर्म तत्व ज्ञानी समझाये।

विहित कर्म भी भाव भेद से - कर्म स्वरूप में भेद बनाये।।

कर्मों के स्वरूप में क्योंकि - भारत भाव प्रधान कहाये।

जो अकर्म कर्मन में देखत - तथा अकर्मन कर्म लखाये।

वह योगी बुद्धिमान नरन में - सकल कर्म कर्ता कहलाये।।

जो कि शास्त्र विहित कर्मों को - बिना काम संकल्प निभाये।

ज्ञान अग्नि में जला कर्म वह - ज्ञानिन में पंडित कहलाये।।

परमात्मा में नित्य तृप्त जो - कर्म व फल आशक्ति नशाये।

भली भाँति बरतत कमन में - फिर भी अकर्ता कहलाये।।

अंतःकरण सहित इन्द्रिय जित - सकल भोग परित्याग कराये।

आश रहित तन हेतु करत जो - ताको भी नहिं पाप लिपाये।।

इच्छा, ईर्ष्या, द्वन्दहीन सम - वह योगी न बंधन में आये।

आशक्ती, ममता, अभिमान को - त्यागि जो चित नित हरिहिं लगाये।।

यज्ञ हेतु जो करत कर्म वह - संचित कर्म भी पार्थ नशाये।

सम्बन्ध : वर्ण, स्वभाव, परिस्थिति व आश्रम के अनुसार जिसका जो कर्तव्य है वही उसके लिए यज्ञ है। इस भाव को स्पष्ट करने के लिए भिन्न-भिन्न योगियों द्वारा कर्तव्य कर्मों का भिन्न-भिन्न यज्ञों के नाम से वर्णन करते हैं।

पद ४

श्लोक (२४ से ३२ तक)

ब्रह्मार्पणं ब्रह्म हविर्ब्रह्माग्नौ ब्रह्मणा हुतम्।
ब्रह्मैव तेन गन्तव्यं ब्रह्मकर्मसमाधिना ॥24॥

दैवमेवापरे यज्ञं योगिनः पर्युपासते ।
ब्रह्माग्नावपरे यज्ञं यज्ञेनैवोपजुह्वति ॥25॥

श्रोत्रादीनीन्द्रियाण्यन्ये संयमाग्निषु जुह्वति।
शब्दादीन्विषयानन्य इन्द्रियाग्निषु जुह्वति ॥26॥

सर्वाणीन्द्रियकर्माणि प्राणकर्माणि चापरे ।
आत्मसंयमयोगाग्नौ जुह्वति ज्ञानदीपिते ॥27॥

द्रव्ययज्ञास्तपोयज्ञा योगयज्ञास्तथापरे।
स्वाध्यायज्ञानयज्ञाश्च यतयः संशितव्रताः ॥28॥

अपाने जुह्वति प्राणं प्राणेऽपानं तथापरे ।
प्राणापानगती रुद्ध्वा प्राणायामपरायणाः ॥29॥

अपरे नियताहाराः प्राणान्प्राणेषु जुह्वति।
सर्वेऽप्येते यज्ञविदो यज्ञक्षपितकल्मषाः॥30॥

यज्ञशिष्टामृतभुजो यान्ति ब्रह्म सनातनम्
नायं लोकोऽस्त्ययज्ञस्य कुतोऽन्यः कुरुसत्तम ॥31॥

एवं बहुविधा यज्ञा वितता ब्रह्मणो मुखे।
कर्मजान्विद्धि तान्सर्वानेवं ज्ञात्वा विमोक्ष्यसे ॥32॥

यज्ञ कर्म का तत्व लजावत!

वर्ण, स्वभाव, परिस्थिति, आश्रम - से जो नियत कर्म में आवत।।

लोकहितार्थ होत निःस्वार्थ तो - यज्ञ हेतु वह कर्म कहावत।

साधन ब्रह्म प्राप्ति करमन को - भिन्न-भिन्न कहि यज्ञ गिनावत।।

यज्ञ में जिस हवि, श्रुवा ब्रह्म है - अग्नि क्रिया भी ब्रह्म में आवत।

ब्रह्म रूप कर्त्ता के द्वारा - ब्रह्म कर्मफल ब्रह्म को पावत।।

देव यजन की यज्ञ अन्य कुछ - भली-भाँति अनुष्ठान करावत।

ब्रह्म अग्नि में अभेद दर्शन - आत्म यज्ञ कुछ अन्य चलावत।।

संयम रूप अग्नि में कुछ जन - श्रोत आदि इन्द्रिय है हवनावत।

अन्य आत्म संगम अग्नी में - प्राण व इन्द्रिय क्रिया हुतावत।।

द्रव्य, तपस्या, योग यज्ञ कुछ - कुछ स्वाध्याय यज्ञ अपनावत।

अन्य अपान को प्राणवायु में - कुछ अपान में प्राण हुतावत।।

रोक के प्राण अपान गती कुछ - प्राण को प्राणन में हवनावत।

ये सब साधक यज्ञ को जानत - यज्ञ से हैं सब पाप नशावत।।

यज्ञ से बचे हुए अमृत को - करि अनुभव है ब्रह्म को पावत।

ना सुख लोक और परलोक में - पुरुष जो यज्ञ हीन में आवत।।

तन, मन इन्द्रिय क्रिया के द्वारा - अन्य यज्ञ बहु वेद बतावत।

जानि तत्व से अनुष्ठान करि - बंधन कर्म जो मुक्त करावत।।

सम्बन्ध : श्री भगवान ने भिन्न-भिन्न यज्ञों का वर्णन किया - इस पर यह जिज्ञासा होती है कि इनमें सर्व श्रेष्ठ यज्ञ कौन है। इस पर भी भगवान कहते हैं।

श्लोक (३३ से ४२ तक)

पद ५

श्रेयान्द्रव्यमयाद्यज्ञाज्ज्ञानयज्ञः परन्तप ।
सर्वं कर्माखिलं पार्थ ज्ञाने परिसमाप्यते ॥33॥

तद्विद्धि प्रणिपातेन परिप्रश्नेन सेवया।
उपदेक्ष्यन्ति ते ज्ञानं ज्ञानिनस्तत्त्वदर्शिनः ॥34॥

यज्ज्ञात्वा न पुनर्मोहमेवं यास्यसि पाण्डव ।
येन भूतान्यशेषेण द्रक्ष्यस्यात्मन्यथो मयि ॥35॥

अपि चेदसि पापेभ्यः सर्वेभ्यः पापकृत्तमः ।
सर्वं ज्ञानप्लवेनैव वृजिनं सन्तरिष्यसि ॥36॥

यथैधांसि समिद्धोऽग्निर्भस्मसात्कुरुतेऽर्जुन ।
ज्ञानाग्निः सर्वकर्माणि भस्मसात्कुरुते तथा ॥37॥

न हि ज्ञानेन सदृशं पवित्रमिह विद्यते ।
तत्स्वयं योगसंसिद्धः कालेनात्मनि विन्दति ॥38॥

श्रद्धावान् लभते ज्ञानं तत्परः संयतेन्द्रियः।
ज्ञानं लब्ध्वा परां शान्तिमचिरेणाधिगच्छति ॥39॥

अज्ञश्चाश्रद्दधानश्च संशयात्मा विनश्यति।
नायं लोकोऽस्ति न परो न सुखं संशयात्मनः ॥40॥

योगसंन्यस्तकर्माणं ज्ञानसञ्छिन्नसंशयम्।

आत्मवन्तं न कर्माणि निबध्नन्ति धनञ्जय ॥41॥

तस्मादज्ञानसम्भूतं हृत्स्थं ज्ञानासिनात्मनः।
छित्त्वैनं संशयं योगमातिष्ठोत्तिष्ठ भारत ॥42॥

श्री भगवान बोले :

यज्ञ जो सर्वश्रेष्ठ यज्ञन में।

ज्ञान यज्ञ अत्यन्त श्रेष्ठ है - यज्ञ अपेक्षा कृत द्रव्यन में।।

यावन मात्र कर्म है पार्थ जो - होत समाप्त ज्ञान प्रगटन में।

क्योंकि कर्म सकल हैं साधन - परमात्मा का ज्ञान उपजन में।।

जो परमात्म तत्व का ज्ञानी - ज्ञान समझ जा जानि जनन में।

सेवा दण्ड प्रणाम भली विधि - सरल भाव से कपट न मन में।।

प्रश्न करो जा विनय भाव से - देत ज्ञान तब उपदेशन में।

फिर मोह सब भूत लखोगे - प्रथम अपन फिर परमात्मन में।

आत्म ज्ञान से निज में दीखत - आत्मज्ञान फल से भगवन में।।

यदि है अन्य सभी पापिन से - बड़ पापी भी पाप करन में।

ज्ञान है जल जहाज सम साधन - निश्चय पाप समुद्र तरन में।।

ईंधन ढेरि जाति जरि जैसे - पार्थ प्रज्वलित अग्नि लगन में।

जरत करम ईंधन समान सब - ज्ञान अनल संयोग करन में।।

जग में पावन कर्ता साधन - सर्वश्रेष्ठ है ज्ञान सवन में।

कर्म योग से शुद्ध हृदय में - प्रगटत अपने-आप हियन में।।

साधक श्रद्धावान ही पावत - इन्द्रिय जित जो लगा यत्न में।

परम शान्ति तत्काल ही पावत - श्रद्धा हीन हैं परत पतन में।।

ना सुख श्रद्धा हीन पुरुष को - लोक और ना परलोकन में।

संशय नाशि लगा जो प्रभु में - कर्म योग विधि कर्म अरपन में।।

बस में अन्तःकरण है जिसका - अर्जुन, बंधत न कर्म बंधन में।

यज्ञ जो सर्वश्रेष्ठ यज्ञन में।।

अध्याय ५

(कर्म संन्यास योग)

सम्बन्ध : कर्म संन्यास और कर्मयोग दोनों की प्रशंसा सुनने से अर्जुन यह निर्णय नहीं कर सके कि दोनों में कौन श्रेष्ठ है - अत: अर्जुन जी प्रश्न करते हैं -

पद १

श्लोक (१ से ७ तक)

अर्जुन उवाच।
संन्यासं कर्मणां कृष्ण पुनर्योगं च शंससि ।
यच्छ्रेय एतयोरेकं तन्मे ब्रूहि सुनिश्चितम् ॥1॥

श्रीभगवानुवाच।
संन्यासः कर्मयोगश्च निःश्रेयसकरावुभौ ।
तयोस्तु कर्मसंन्यासात्कर्मयोगो विशिष्यते ॥2॥

ज्ञेयः स नित्यसंन्यासी यो न द्वेष्टि न काङ्क्षति।
निर्द्वन्द्वो हि महाबाहो सुखं बन्धात्प्रमुच्यते ॥3॥

साङ्ख्ययोगौ पृथग्बालाः प्रवदन्ति न पण्डिताः ।
एकमप्यास्थितः सम्यगुभयोर्विन्दते फलम् ॥4॥

यत्साङ्ख्यैः प्राप्यते स्थानं तद्योगैरपि गम्यते।
एकं सख्यं च योगं च यः पश्यति स पश्यति ॥5॥

संन्यासस्तु महाबाहो दुःखमाप्तुमयोगतः ।
योगयुक्तो मुनिर्ब्रह्म नचिरेणाधिगच्छति ॥6॥

योगयुक्तो विशुद्धात्मा विजितात्मा जितेन्द्रियः ।
सर्वभूतात्मभूतात्मा कुर्वन्नपि न लिप्यते ॥7॥

अर्जुन जी बोले :

कहत धनन्जन मधुसूदन से।

ज्ञान योग को श्रेष्ठ सराहहु - कर्म योग गुण गावहु फिन से।

दोनों में जो श्रेष्ठ बताबहु - मम कल्याण होय हरि जिससे।।

श्री भगवान बोले :

केशव कहे उभय साधन से - होत परम कल्याण है इनसे।

सुगम है कर्म योग साधन में - श्रेष्ठ कहावत अर्जुन इस से।।

वह योगी संन्यासी जान जो - इच्छा, द्वेष न रखत सबन से।

द्वन्द हीन योगी सुख पूर्वक - मुक्त होत संसार बंधन से।।

फल में भिन्न कहहि अज्ञानी - ज्ञानी निरेखहिं एक फलन से।

भली भाँति जो एक में स्थित - पावत ब्रह्म को योग सघन से।।

जो पद प्राप्त करत संन्यासी - सोइ पद योगी कर्माचरन से।

फल में एक उभय जो जानत - वह यथार्थ है लखत नयन से।।

बिना कर्म, कर्तापन जाना कठिन है - गो-गोचर व वदन से।

भगवत रूप मनन करि योगी - शीघ्र मिलाप करत भगवन से।।

इन्द्रियजित बस में मन जिसका - हो परिशुद्ध जो अन्तःकरण से।

जिसका आत्मा अंतरयामी - अर्जुन, लिपत न वह कर्मन से।।

शब्द -अर्थ

गोचर - मन

पद २

श्लोक (८ से १२ तक)

सम्बन्ध : अब भगवान सांख्य योगी के व्यवहार काल के स्वरूप का दो श्लोकों में वर्णन करते हैं तथा १० और ११ वे श्लोक में योग स्वरूप का वर्णन करते है।

नैव किञ्चित्करोमीति युक्तो मन्येत तत्त्ववित्।
पश्यञ्शृण्वन्स्पृशञ्जिघ्रन्नश्नन्गच्छन्स्वपश्वसन् ॥8॥

प्रलपन्विसृजन्गृह्णन्नुन्मिषन्निमिषन्नपि ।
इन्द्रियाणीन्द्रियार्थेषु वर्तन्त इति धारयन् ॥9॥

ब्रह्मण्याधाय कर्माणि सङ्गं त्यक्त्वा करोति यः ।

लिप्यते न स पापेन पद्मपत्रमिवाम्भसा ॥10॥

कायेन मनसा बुद्धया केवलैरिन्द्रियैरपि ।
योगिनः कर्म कुर्वन्ति सङ्गं त्यक्त्वात्मशुद्धये ॥11॥

युक्तः कर्मफलं त्यक्त्वा शान्तिमाप्नोति नैष्ठिकीम् ।
अयुक्तः कामकारेण फले सक्तो निबध्यते ॥12॥

श्री भगवान बोले :

भिन्न उभय पथ व्यवहारन में।

ज्ञानी देखत, सुनत व सूंघत - चखत और स्पर्श करन में।।

गमन करत सोबत अरू बोलत - स्वांस लेत अरू त्याग करन में।

गृहण करत, द्दग खोलत मूंदत - इन्द्रिय वर्तति निज अर्थन में।।

तत्व से जानि असंसय माने - मैं नहिं कर्ता कर्म करने में।

योग स्वरूप, अनासक्त हो - कर्म अर्पत जो परमात्मन में।।

लिपत न पद्म पत्र जल जैसे - वैसे लिपत न वह पापन में।

तन, मन, बुद्धि, इन्द्रिय, व्यवहार में - ममता अरु आसक्ति न मन में।।

अन्तःकरण शुद्धि को योगी - कर्म प्रधान लगत कर्मन में।

भगवत्प्राप्ति शान्ति को पावत - कर्मन का फल त्याग करन में।

पुरुष सकाम जो फलाशक्तवह - बंधत धनन्जय कर्म बंधन में।।

पद ३

श्लोक (१३ से २० तक)

सम्बन्ध : ऊपर भगवान कर्म योगी को परमात्म प्राप्ति शान्ति, रूप फल बताया, अब भगवान सांख्य योगी की स्थिति का वर्णन करते हैं।

सर्वकर्माणि मनसा संन्यस्यास्ते सुखं वशी।
नवद्वारे पुरे देही नैव कुर्वन्न कारयन् ॥13॥

न कर्तृत्वं न कर्माणि लोकस्य सृजति प्रभुः ।
न कमर्फलसंयोगं स्वभावस्तु प्रवर्तते ॥14॥

नादत्ते कस्यचित्पापं न चैव सुकृतं विभुः ।
अज्ञानेनावृतं ज्ञानं तेन मुह्यन्ति जन्तवः ॥15॥

ज्ञानेन तु तदज्ञानं येषां नाशितमात्मनः।
तेषामादित्यवज्ज्ञानं प्रकाशयति तत्परम् ॥16॥

तबुद्धयस्तदात्मानस्तन्निष्ठास्तत्परायणाः ।
गच्छन्त्यपुनरावृत्तिं ज्ञाननिषूतकल्मषाः ॥17॥

विद्याविनयसम्पन्ने ब्राह्मणे गवि हस्तिनि ।
शुनि चैव श्वपाके च पण्डिताः समदर्शिनः ॥18॥

इहैव तैर्जितः सर्गों येषां साम्ये स्थितं मनः ।
निर्दोषं हि समं ब्रह्म तस्माद् ब्रह्मणि ते स्थिताः ॥19॥

न प्रहृष्येत्प्रियं प्राप्य नोद्विजेत्प्राप्य चाप्रियम् ।

स्थिरबुद्धिरसम्मूढो ब्रह्मविद् ब्रह्मणि स्थितः ॥20॥

श्री भगवान बोले :

स्थिति होति जो सांख्य जनन में!

अन्तःकरण वशी मन से तजि - कर्म सकल नव द्वारि सदन में।।

ना करवावत, करत सुख से - स्थित रहता परमात्मन में।

रचना करते ना परमेश्वर - कर्म, कर्मफल, कर्तापन में।।

कर्तापन है अहंकार में - पर स्वभाव ही है वर्तन में।

होत न भागी भी परमेश्वर - कोइ के पाप पुण्य कर्मन में।।

ढँका ज्ञान अज्ञान के द्वारा - मोह रखत जो अज्ञ जनन में।

करत दिवाकर दृश्य प्रकाशित - जैसे हो कर उदय गगन में।।

रवि सम करत प्रकाशित प्रभु को - ज्ञान उदय जब होत बदन में।

प्रभु में स्थित, निश्चल मन बुद्धि - रहति निरन्तर जासु सुजन में।।

पुरुष जो ऐसा तत्परायण - आवत ना पुनि पुनर्गमन में।

ज्ञानी देखत सम कुत्ता गो - हाथी, ब्राह्मण, चन्डालन में।।

लेत जीत जग, जीयत, जिसका - मन स्थित हो सम भावन में।

क्योंकि सम निर्दोष ब्रह्म है - इससे वह स्थित ब्रह्म न में।।

प्रिय को पाय होय ना हर्षित - अप्रिय पाय उद्विग्न न मन में।

बुद्धि थिर संशय हीन जो ज्ञानी - वह स्थित है परमात्मन में।।

सम्बन्ध : अब भगवान उपर्युक्त स्थिति प्राप्त करने के साधन व फल का वर्णन करते हैं।

पद ४

श्लोक (२१ से २६ तक)

बाह्यस्पर्शेष्वसक्तात्मा विन्दत्यात्मनि यत्सुखम् ।
स ब्रह्मयोगयुक्तात्मा सुखमक्षयमश्नुते ॥21॥

ये हि संस्पर्शजा भोगा दुःखयोनय एव ते ।
आद्यन्तवन्तः कौन्तेय न तेषु रमते बुधः ॥22॥

शक्नोतीहैव यः सोढुं प्राक्शरीरविमोक्षणात् ।
कामक्रोधोद्भवं वेगं स युक्तः स सुखी नरः ॥23॥

योऽन्तःसुखोऽन्तरारामस्तथान्तर्ज्योतिरेव यः।
स योगी ब्रह्मनिर्वाणं ब्रह्मभूतोऽधिगच्छति ॥24॥

लभन्ते ब्रह्मनिर्वाणमृषयः क्षीणकल्मषाः।
छिन्नद्वैधा यतात्मानः सर्वभूतहिते रताः ॥25॥

कामक्रोधवियुक्तानां यतीनां यतचेतसाम्।
अभितो ब्रह्मनिर्वाणं वर्तते विदितात्मनाम् ॥26॥

श्री भगवान बोले :

स्थिति प्राप्ति में साधन जो है।

अनासक्त इन्द्रिय विषपन में - अन्तःकरण का साधक जो है।।

सात्विक, ध्यान जनित सुखस्थित - आत्मा में जो पावत वो है।

तत्पश्चात अभिन्न भाव से - ध्यान योग में स्थित जो है।।

ऐसा ज्ञानी ज्ञान योग का - अक्षयानन्द अनुभवत वो है।

यद्यपि विषय संयोग भोग जो - सुख मय भासत विषयिन को है।।

तदपि अनित दुःख हेतु हैं इससे - उनमें रमत न विज्ञ जो है।

काम, क्रोध का वेग सहन में - तन क्षय पूर्व समर्थ जो है।।

वह योगी है, और सुखी भी - ऐसा साधक अर्जुन जो है।

आत्माराम, आत्म का ज्ञानी - आत्मा में सुख वाला जो है।।

एकी भाव से प्राप्त ब्रह्म को - शान्त ब्रह्म को पावत वो है।

संसय, पापहीन, सब हित रत - काम, क्रोध से रहित जो है।।

शान्त ब्रह्म परिपूर्ण सब तरफ - ऐसे ज्ञानी सिद्ध को है।।

पद ५

श्लोक (२७ से २९ तक)

सम्बन्ध : दोनों ही साधनों में वैराग्य सहित ध्यान योग उपयोगी होने से - फल सहित ध्यान योग का भगवान संक्षेप में वर्णन करते है।

स्पर्शान्कृत्वा बहिर्बाह्यांश्चक्षुश्चैवान्तरे भ्रुवोः।
प्राणापानौ समौ कृत्वा नासाभ्यन्तरचारिणौ ॥27॥

यतेन्द्रियमनोबुद्धिर्मुनिर्मोक्षपरायणः।
विगतेच्छाभयक्रोधो यः सदा मुक्त एव सः ॥28॥

भोक्तारं यज्ञतपसां सर्वलोकमहेश्वरम् ।
सुहृदं सर्वभूतानां ज्ञात्वा मां शान्तिमृच्छति ॥29॥

श्री भगवान बोले :

निष्ठा उभय ध्यान हितकारी।

बाह्य विषय चिंतन तजि बाहर - नयन दृष्टि रखी भृगुटि मझारी।।

विचरति वायु नाशिका में जो - प्राण अपान को सम करि डारी।

जीत लिया जो मन बुद्धि इंद्रिय - इच्छा भय व क्रोध तजि डारी।।

मुनि जो ऐसा तत्परायण - मुक्त सदा वह कहत मुरारी।

ज्ञान, ध्यान व कर्म योग में - जो निज को न समर्थ निहारी।।

सर्व सुगम साधन बतलावत - ताको भक्ति योग भय हारी।

भोगन वाला यज्ञ तपों का - तथा सुहिद सब जीवन धारी।।

लोकों के ईश्वरों का ईश्वर - जो मोहिं जानत संसय टारी।

पावत शान्ति भक्त वह पार्थ - ये हि विधि तत्व से मोहिं निहारी।।

सम्बन्ध : अब भगवान अंगों सहित ध्याय योग का विस्तृत वर्णन करने के लिए छठवां अध्याय आरम्भ करते हैं तथा पहले भक्ति युक्त कर्मयोग में प्रवृत होने के लिए कर्मयोग की प्रशंसा करते हैं।

अध्याय ६

पद १

श्लोक (१ से ९ तक)

(आत्म संयम योग)

श्रीभगवानुवाच।

अनाश्रितः कर्मफलं कार्यं कर्म करोति यः ।
स संन्यासी च योगी च न निरग्निर्न चाक्रियः ॥1॥

यं संन्यासमिति प्राहुर्योगं तं विद्धि पाण्डव ।
न ह्यसंन्यस्तसङ्कल्पो योगी भवति कश्चन ॥2॥

आरुरुक्षोर्मुनेर्योगं कर्म कारणमुच्यते ।
योगारूढस्य तस्यैव शमः कारणमुच्यते ॥3॥

यदा हि नेन्द्रियार्थेषु न कर्मस्वनुषज्जते ।
सर्वसङ्कल्पसंन्यासी योगारूढस्तदोच्यते ॥4॥

उद्धरेदात्मनात्मानं नात्मानमवसादयेत् ।
आत्मैव ह्यात्मनो बन्धुरात्मैव रिपुरात्मनः ॥5॥

बन्धुरात्मात्मनस्तस्य येनात्मैवात्मना जितः ।

अनात्मनस्तु शत्रुत्वे वर्तेतात्मैव शत्रुवत् ॥6॥

जितात्मनः प्रशान्तस्य परमात्मा समाहितः।
शीतोष्णसुखदुःखेषु तथा मानापमानयोः ॥7॥

ज्ञानविज्ञानतृप्तात्मा कूटस्थो विजितेन्द्रियः।
युक्त इत्युच्यते योगी समलोष्टाश्मकाञ्चनः ॥8॥

सुहृन्मित्रायुदासीनमध्यस्थद्वेष्यबन्धुषु।
साधुष्वपि च पापेषु समबुद्धिर्विशिष्यते ॥9॥

श्री भगवान बोले :

केशव कर्म योग गुण गाये।

करत करम कर्तव्य पुरुष जो - कर्मन में फल चाह न लाये।।

योगी और वो संन्यासी है - अक्रिय निरग्नि न सिद्ध कहाये।

जो कि है संन्यास कहावत - योग वहीं अस श्याम सुझाये।।

क्योंकि सब संकल्प त्याग बिन - उभय योग सिद्धि कोई न पाये।

योग प्राप्ति चाहन वालों में - हेतु करम निष्काम बताये।।

योगा रूढ़ संकल्प हीनता - सो कल्याण में हेतु कहाये।

जब जिस काल कर्म व इन्द्रिय - भोगन में आसक्ति न लाये।।

सब संकल्प हीन उस काल वो - योगी योगा रूढ़ कहाये।

भवसागर पार करे खुद ही - ना खुद से खुद को पतन पराये।।

क्योंकि खुद का मित्र खुदी है - खुद ही खुद का शत्रु बताये।

अंतः वृत्ति शान्त द्वंदों में - जिसकी भली-भाँति हो जाये।।

ऐसे पुरुष के ज्ञान में स्थित - परमात्मा पाया जाये।

ज्ञान और विज्ञान से जिसका - अंतःकरण तृप्त हो जाये।।

माँटी, पाथर, स्वर्ण में सम - वह अविकारी प्रभु प्राप्त कहाये।

सुहृद, मित्र, अरि उदासीन - मध्यस्त, द्वेश्य जो बन्धु में आये।।

धर्मी, पापी में समभाव तो - वह अत्यन्त श्रेष्ठ कहलाये।

शब्द - अर्थ

योग - कर्मयोग

संन्यास - सांख्ययोग अर्थात ज्ञानयोग

यह जिज्ञासा होने पर कि, जीवात्मा को परमात्म प्राप्ति के लिये क्या करना चाहिये, शीघ्र प्राप्ति साधन क्या है - इस पर ध्यान योग का वर्णन करते हैं।

पद २

श्लोक (१० से २८ तक)

योगी युञ्जीत सततमात्मानं रहसि स्थितः।

एकाकी यतचित्तात्मा निराशीरपरिग्रहः ॥10॥

शुचौ देशे प्रतिष्ठाप्य स्थिरमासनमात्मनः ।
नात्युच्छ्रितं नातिनीचं चैलाजिनकुशोत्तरम् ॥11॥

तत्रैकाग्रं मनः कृत्वा यतचित्तेन्द्रियक्रियः ।
उपविश्यासने युञ्ज्याद्योगमात्मविशुद्धये ॥12॥

समं कायशिरोग्रीवं धारयन्नचलं स्थिरः ।
सम्प्रेक्ष्य नासिकाग्रं स्वं दिशश्चानवलोकयन् ॥13॥

प्रशान्तात्मा विगतभीर्ब्रह्मचारिव्रते स्थितः।
मनः संयम्य मच्चित्तो युक्त आसीत मत्परः ॥14॥

युञ्जन्नेवं सदात्मानं योगी नियतमानसः ।
शान्तिं निर्वाणपरमां मत्संस्थामधिगच्छति ॥15॥

नात्यश्नतस्तु योगोऽस्ति न चैकान्तमनश्नतः ।
न चाति स्वप्नशीलस्य जाग्रतो नैव चार्जुन ॥16॥

युक्ताहारविहारस्य युक्तचेष्टस्य कर्मसु ।
युक्तस्वप्नावबोधस्य योगो भवति दुःखहा ॥17॥

यदा विनियतं चित्तमात्मन्येवावतिष्ठते ।
निःस्पृहः सर्वकामेभ्यो युक्त इत्युच्यते तदा ॥18॥

यथा दीपो निवातस्थो नेते सोपमा स्मृता।
योगिनो यतचित्तस्य युञ्जतो योगमात्मनः ॥19॥

यत्रोपरमते चित्तं निरुद्धं योगसेवया।

यत्र चैवात्मनात्मानं पश्यन्नात्मनि तुष्यति ॥20॥

सुखमात्यन्तिकं यत्तबुद्धिग्राह्यमतीन्द्रियम् ।
वेत्ति यत्र न चैवायं स्थितश्चलति तत्त्वतः ॥21॥

यं लब्ध्वा चापरं लाभं मन्यते नाधिकं ततः ।
यस्मिन्स्थितो न दुःखेन गुरूणापि विचाल्यते ॥22॥

तं विद्यादः दुःखसंयोगवियोगं योगसज्ञितम् ।
स निश्चयेन योक्तव्यो योगोऽनिर्विण्णचेतसा ॥23॥

सङ्कल्पप्रभवान्कामांस्त्यक्त्वा सर्वानशेषतः ।
मनसैवेन्द्रियग्रामं विनियम्य समन्ततः ॥24॥

शनैः शनैरूपरमेबुद्ध्या धृतिगृहीतया ।
आत्मसंस्थं मनः कृत्वा न किञ्चिदपि चिन्तयेत् ॥25॥

यतो यतो निश्चरति मनश्चञ्चलमस्थिरम् ।
ततस्ततो नियम्यैतदात्मन्येव वशं नयेत् ॥26॥

प्रशान्तमनसं ह्येनं योगिनं सुखमुत्तमम्।
उपैति शान्तरजसं ब्रह्मभूतकल्मषम् ॥27॥

युञ्जन्नेवं सदात्मानं योगी विगतकल्मषः ।
सुखेन ब्रह्मसंस्पर्शमत्यन्तं सुखमश्नुते ॥28॥

श्री भगवान बोले :

ध्यान योग योगेश बताये।

शुद्ध एकान्त देश में साधक - स्थिर आसन एक बनाये।।

ना अति नीच ना ऊँच हो क्रमशः - कुश, मृगछाल व वस्त्र बिछाये।

आशा, संग्रह, हीन जीवात्मा - सतत आत्म परमात्म लगाये।।

चित, मन, इन्द्रिय क्रिया राखि वश - अन्तः सुद्धि को योग सधाये।

काया, सिर, गरदन समान रखि - नाशिकाग्ट पर दृष्टि जमाये।।

मन चित वाला, मम पारायण - रोक के मन स्थिर हो जाये।

आत्मा परमेश्वर स्वरूप में - मन जित योगी सतत लगाये।।

परमानन्द की पराकाष्ठा - रूप शान्ति योगी वह पाये।

अतिहारी, अनहारी, अनिद्री - अती निद्री, यह साथि न पाये।।

युक्ताहार, विहार, कर्म में - युक्त चेष्टा जो अपनाये।

सोवे जागे यथा योग्य जो - सोइ दुख हारी योग सधाये।।

जिस काल चित्त वश किया ध्येय में - भली-भाँति स्थिर हो जाये।

उस काल भोग, स्पृहा रहित वह - योगी योगा रूढ़ कहाये।।

वायु रहित स्थान में जैसे - दीपक हिल डुल ना पाये।

योगी के जीते चित की भी - उपमा यही कही जाये।।

योगाभ्यासी चित्त निरुद्धि से - सूक्ष्म बुद्धि जब हो जाये।

साक्षात्कार परमात्मा का करि - सन्तुष्ट उन्हीं में हो जाये।।

इन्द्रियतीत अनन्त आनन्द पा - फिर ना विचलित हो पाये।

दुःख रूप, जगत संयोग रहित, जो - जिसको योग कहा जाये।।

उसको उत्साही चित, धैर्य से - निश्चय करना कर्तव्य कहाये।

अब अभेद रूप से केशव - ध्यान योग की युक्ति लखाये।।

संकल्प जनित सब काम त्यागि - मन से इन्द्रिन पर रोक लगाये।

मन लगा ध्येय में धैर्य बुद्धि से - अन्य न चिंतन करवाये।।

अस्थिर, चंचल मन ध्येय से - हट विषयों में यदि जाये।

तो, रोक विषय से बार-बार, फिर - परमेश्वर में उसे लगाये।।

मन सहित रजोगुण भली-भाँति - जिस पाप हीन का हो जाये।

ब्रह्म से एकी भाव हुआ वह - योगी परमानन्द को पाये।।

योगी अघहीन निरन्तर ऐसे - परमात्मा में आत्म लगाये।

वह परम ब्रह्म परमात्म प्राप्ति का - अक्षयानन्द अनुभव कर जाये।।

सम्बन्ध : इस प्रकार अभेद भाव से साधन करने वाले साखय योगी के ध्यान व फल का वर्णन करके अब उस साधक के व्यवहार काल

की स्थिति का वर्णन २९वे श्लोक में करके ३०वे से ३२वे श्लोक तक भक्ति योग, योगी की अंतिम स्थिति का वर्णन करते हैं।

पद ३

श्लोक (२९ से ३२ तक)

सर्वभूतस्थमात्मानं सर्वभूतानि चात्मनि ।
ईक्षते योगयुक्तात्मा सर्वत्र समदर्शनः ॥29॥

यो मां पश्यति सर्वत्र सर्वं च मयि पश्यति ।
तस्याहं न प्रणश्यामि स च मे न प्रणश्यति ॥30॥

सर्वभूतस्थितं यो मां भजत्येकत्वमास्थितः।
सर्वथा वर्तमानोऽपि स योगी मयि वर्तते ॥31॥

आत्मौपम्येन सर्वत्र समं पश्यति योऽर्जुन ।
सुखं वा यदि वा दुःखं स योगी परमो मतः ॥32॥

श्री भगवान बोले :

योगिन की स्थिति का वर्णन

(i) जो आत्म रूप मुझ वासुदेव का - करता सब भूतन में दर्शन।।

और भूत सब लखत मोहिं में - उससे मैं वह मोहिं अदृश्यन।

(ii) आत्म रूप सब भूत में स्थित - एकीभाव भजत मोहिं जो जन।।

सभी भाँति वर्तता हुआ वह - योगी वर्तत है मोही सन।

सम्बन्ध : श्री भगवान के द्वारा समता सम्बन्धी योग सुनकर अर्जुन मन की चंचलता के कारण उसमें अपनी अचल स्थिति बहुत कठिन समझ कर कहते हैं।।

पद ४

श्लोक (३३ से ३६ तक)

अर्जन उवाच।

योऽयं योगस्त्वया प्रोक्तः साम्येन मधुसूदन।
एतस्याहं न पश्यामि चञ्चलत्वात्स्थितिं स्थिराम् ॥33॥

चञ्चलं हि मनः कृष्ण प्रमाथि बलव ढम् ।
तस्याहं निग्रहं मन्ये वायोरिव सुदुष्करम् ॥34॥

श्रीभगवानुवाच।
असंशयं महाबाहो मनो दुर्निग्रहं चलम् ।
अभ्यासेन तु कौन्तेय वैराग्येण च गृह्यते ॥35॥

असंयतात्मना योगो दुष्प्राप इति मे मतिः ।
वश्यात्मना तु यतता शक्योऽवाप्तुमुपायतः ॥36॥

अर्जुन जी बोले :

अर्जुन बोले सम भाव योग - जो आप कहे, हे मधुसूदन।

मन की चंचलता के कारण - यह स्थिति नित्य की मोहिं लखात न।।

अतिचंचल, बलवान, बहुत दृढ़ - यह प्रमथन स्वभाव वाला मन।

मन को वश करना वायु रुद्ध सम - दुष्कर मोहिं जनात जनार्दन।।

श्री भगवान बोले :

निश्चय होत कठिनता से वश - यह चंचल मन पृथा सुवन।

पर होता है वश करने से - अभ्यास और वैराग्य जतन।।

जिसका मन वश में हुआ नहीं - दुष्प्राप्य है उसका योग सधन।

प्रयत्न शीलता से जीता मन - सधत सहज यह मोर कथन।।

शब्द - अर्थ

भूत - प्राणी

पद ५

श्लोक (३७ से ३९ तक)

सम्बन्ध : योग सिद्धि में मन को वश में करना परम आवश्यक बतलाया गया, इस पर यह जिज्ञासा होती है कि जिसका मन वश में नहीं हुआ है किन्तु योग में श्रद्धा होने से साधन करता है उसकी मरने पर क्या गति होती है? इससे अर्जुन पूछते है-

अर्जुन उवाच।

अयतिः श्रद्धयोपेतो योगाच्चलितमानसः ।

अप्राप्य योगसंसिद्धिं कां गतिं कृष्ण गच्छति ॥37॥

कच्चिन्नोभयविभ्रष्टश्छिन्नाभ्रमिव नश्यति ।

अप्रतिष्ठो महाबाहो विमूढो ब्रह्मणः पथि ॥38॥

एतन्मे संशयं कृष्ण छेत्तुमर्हस्यशेषतः ।

त्वदन्यः संशयस्यास्य छेत्ता न ह्युपपद्यते ॥39॥

अर्जुन जी बोले -

श्री कृष्ण संशय हमारा हटा दो!

हमें योग विचलित की स्थिति बता दो।।श्री कृष्ण संशय हमारा हटा दो।।

श्रद्धा तो है फिर भी संयम सधा ना - मिली अंत में योग सिद्धि जिसे ना

गती कौन?

पाता वो योगी जता दो।। श्री कृष्ण संशय हमारा हटा दो!

छिन्न-भिन्न बादल सा आश्रय रहित हो - दोनों ओर से नष्ट होता नहीं तो।।

महाबाहु यह मोह मेरा नशा दो।। श्री कृष्ण संशय हमारा हटा दो

सम्पूर्ण संशय का छेदन हमारे - श्री कृष्ण संभव बिना ना तुम्हारे।।

संशय का घन, मन गगन से हटा दो।। श्री कृष्ण संशय हमारा हटा दो।।

पद ६

श्लोक (४० से ४७ तक)

श्रीभगवानुवाच।
पार्थ नैवेह नामुत्र विनाशस्तस्य विद्यते ।
न हि कल्याणकृत्कश्चिद् दुर्गतिं तात गच्छति ॥40॥

प्राप्य पुण्यकृतां लोकानुषित्वा शाश्वतीः समाः ।
शुचीनां श्रीमतां गेहे योगभ्रष्टोऽभिजायते ॥41॥

अथवा योगिनामेव कुले भवति धीमताम् ।
एतद्धि दुर्लभतरं लोके जन्म यदीदृशम् ॥42॥

तत्र तं बुद्धिसंयोगं लभते पौर्वदेहिकम् ।
यतते च ततो भूयः संसिद्धौ कुरुनन्दन ॥43॥

पूर्वाभ्यासेन तेनैव ह्रियते ह्यवशोऽपि सः ।
जिज्ञासुरपि योगस्य शब्दब्रह्मातिवर्तते ॥44॥

प्रयत्नाद्यतमानस्तु योगी संशुद्धकिल्बिषः ।
अनेकजन्मसंसिद्धस्ततो याति परां गतिम् ॥45॥

तपस्विभ्योऽधिको योगी ज्ञानिभ्योऽपि मतोऽधिकः ।
कर्मिभ्यश्चाधिको योगी तस्माद्योगी भवार्जुन ॥46॥

योगिनामपि सर्वेषां मद्गतेनान्तरात्मना ।
श्रद्धावान्भजते यो मां स मे युक्ततमो मतः ॥47॥

श्री भगवान बोले :

कल्याण कामी पतन को न जाता।। उभय लोक उसका न पार्थ नसाता।।

बहुत काल स्वर्गादि लोकों को पाकर - जनमता श्रीमान कुलीनों में जाकर।।

पूर्व योग फिर से है आगे बढ़ाता।। उभय लोक उसका ना पार्थ नशाता।।

अथवा न जा लोक पूर्ण्यादिकों में - जनम जाता धी बान योगी कुलों में।।

मगर जन्म ऐसा है दुर्लभ कहाता।। उभय लोक उसका ना पार्थ नशाता।।

संस्कार संग्रह किया पूर्व में जो - अनायास ही प्राप्त करता वहाँ वो।।

पूर्व जन्म से बढ़कर साधन चलाता।। उभय लोक उसका ना पार्थ नशाता।।

संग्रह किये पूर्व संस्कार द्वारा - आकर्षित किया जाता है वह दुबारा।।

कर्म फल को जिज्ञासु भी लाँघ जाता।। उभय लोक उसका ना पार्थ नशाता।।

जन्मों के संस्कार संचित बलन से - हो संसिद्ध अनघी प्रयत्नी यतन से।।

परम गति इसी जन्म तत्काल पाता।। उभय लोक उसका ना पार्थ नशाता।।

सकामी, तपस्वी तथा ज्ञानियों से - श्रेष्ठ है योगी सुनो पार्थ इससे।।

तुझे योगी बनना ही उत्तम लखाता।। उभय लोक उसका ना पार्थ नशाता।।

श्रद्धा सहित योगी जो मुझमें लगता - तथा अंतरात्मा से मुझ को है भजता।।

मुझे श्रेष्ठ सब योगियों में जनाता।। उभय लोक उसका ना पार्थ नशाता।।

शब्द - अर्थ

जिज्ञासु - योग में श्रद्धा रखने वाला

सकामी - कामना रखकर योग में लगने वाला

तपस्वी - ध्यान योगी

अध्याय ७

सम्बन्ध : छठे अध्याय के अंतिम श्लोक में भगवान ने कहा कि जो अंतरात्मा को मुझमें लगा कर श्रद्धा और प्रेम के साथ मुझको भजता है वह सब प्रकार के योगियों में श्रेष्ठ है। परन्तु भगवान के स्वरूप, गुण और प्रभाव को मनुष्य जब तक नहीं जान पाता, तब तक उसके द्वारा अन्तरात्मा से निरन्तर भजन होना बहुत कठिन है। साथ ही भजन का प्रकार जानना भी आवश्यक है। इस लिये भगवान अब अपने गुण, प्रभाव के सहित समग्र रूप का तथा विविध प्रकार से युक्त भक्ति योग का वर्णन करने के लिए सातवे अध्याय को आरम्भ करते हैं।

अध्याय ७

पद १

श्लोक (१ से १२ तक)

श्रीभगवान उवाच।

मय्यासक्तमनाः पार्थ योगं युञ्जन्मदाश्रयः ।
असंशयं समग्रं मां यथा ज्ञास्यसि तच्छृणु ॥1॥

ज्ञानं तेऽहं सविज्ञानमिदं वक्ष्याम्यशेषतः ।
यज्ज्ञात्वा नेह भूयोऽन्यज्ज्ञातव्यमवशिष्यते ॥2॥

मनुष्याणां सहस्त्रेषु कश्चिद्यतति सिद्धये।
यततामपि सिद्धानां कश्चिन्मां वेत्ति तत्त्वतः ॥3॥

भूममिरापोऽनलो वायुः खं मनो बुद्धिरेव च ।
अहङ्कार इतीयं मे भिन्ना प्रकृतिरष्टधा ॥4॥

अपरेयमितस्त्वन्यां प्रकृतिं विद्धि मे पराम् ।
जीवभूतां महाबाहो ययेदं धार्यते जगत् ॥5॥

एतद्योनीनि भूतानि सर्वाणीत्युपधारय ।
अहं कृत्स्त्रस्य जगतः प्रभवः प्रलयस्तथा ॥6॥

मत्तः परतरं नान्यत्किञ्चिदस्ति धनञ्जय ।
मयि सर्वमिदं प्रोतं सूत्रे मणिगणा इव ॥7॥

रसोऽहमप्सु कौन्तेय प्रभास्मि शशिसूर्ययोः।
प्रणवः सर्ववेदेषु शब्दः खे पौरुषं नृषु ॥8॥

पुण्यो गन्धः पृथिव्यां च तेजश्चास्मि विभावसौ ।
जीवनं सर्वभूतेषु तपश्चास्मि तपस्विषु ॥9॥

बीजं मां सर्वभूतानां विद्धि पार्थ सनातनम् ।
बुद्धिर्बुद्धिमतामस्मि तेजस्तेजस्विनामहम् ॥10॥

बलं बलवतां चाहं कामरागविवर्जितम् ।
धर्माविरुद्धो भूतेषु कामोऽस्मि भरतर्षभ ॥11॥

ये चैव सात्त्विका भावा राजसास्तामसाश्च ये ।
मत्त एवेति तान्विद्धि न त्वहं तेषु ते मयि ॥12॥

श्री भगवान बोले :

मोहिं समग्र रूप जानत जोई।

संशय रहित, अनन्य भाव से - मोहिं असक्त चित सुमिरि सकत सोई।।

बल, विभूति ऐश्वर्य सहित मोहिं - प्रिथा तनय सुन सावधान होई।

जानव रहत न शेष जो जाने - ज्ञान कहऊँ विज्ञान सहित सोई।।

मनुज हजारन में सुनु पार्थ - प्राप्ति हेतु मम यतन करत कोई।

ऐसे लगे हजारन में भी - तत्व सहित मोहिं जानत कोई-कोई।।

पंचभूत, बुद्धि, अहंकार, मन - प्रकृति अष्टधा जढ़, अपरा जोई।

चेतन जीव रूप जगधारति - प्रकृति कहावति मोरि परा सोई।।

उपजहिं प्राणी उभय प्रकृति से - कारण मूल मैं प्रभव- प्रलय होई।

सब मोहिं गुथे सूत्र में मनि सम - मुझसे परे न वस्तु रहति कोई।।

सार रूप से रस हूँ जल में - रवि, शशि में हूँ ज्योति रहति जोई।

भू में गन्ध हूँ, तेज अनल में - जीवन जीव हूँ तप तपसिन होई।।

कामा-शक्ति हीन बल वीर में - शास्त्रानुकूल हूँ काम जनन जोई।

होत भाव सत, रज, तम मुझसे - मैं नहीं उनमें, मोहिं न रहत सोई।।

यथा मेघ उपजत नभ, अर्जुन - तथा गगन निर्लिप्त रहत होई।

मोहि समग्र रूप जानत जोई।।

सम्बन्ध : श्री भगवान ने बताया कि समस्त जगत मेरा ही स्वरूप है और मुझसे व्याप्त है यहाँ पर यह जिज्ञासा होती है कि - सर्वत्र व्याप्त एवं अत्यंत समीप होने पर भी भगवान पहचान में क्यों नहीं आते?

पद २

श्लोक (१३ से ३० तक)

त्रिभिर्गुणमयैर्भावैरेभिः सर्वमिदं जगत्।
मोहितं नाभिजानाति मामेभ्यः परमव्ययम् ॥13॥

दैवी ह्येषा गुणमयी मम माया दुरत्यया ।
मामेव ये प्रपद्यन्ते मायामेतां तरन्ति ते ॥14॥

न मां दुष्कृतिनो मूढाः प्रपद्यन्ते नराधमाः ।
माययापहृतज्ञाना आसुरं भावमाश्रिताः ॥15॥

चतुर्विधा भजन्ते मां जनाः सुकृतिनोऽर्जुन ।
आर्तो जिज्ञासरर्थार्थी ज्ञानी च भरतर्षभ ॥16॥

तेषां ज्ञानी नित्ययुक्त एकभक्तिर्विशिष्यते ।
प्रियो हि ज्ञानिनोऽत्यर्थमहं स च मम प्रियः ॥17॥

उदाराः सर्व एवैते ज्ञानी त्वात्मैव मे मतम् ।
आस्थितः स हि युक्तात्मा मामेवानुत्तमां गतिम् ॥18॥

बहूनां जन्मनामन्ते ज्ञानवान्मां प्रपद्यते।
वासुदेवः सर्वमिति स महात्मा सुदुर्लभः ॥19॥

कामैस्तैस्तैर्हृतज्ञानाः प्रपद्यन्तेऽन्यदेवताः ।
तं तं नियममास्थाय प्रकृत्या नियताः स्वया ॥20॥

यो यो यां यां तनुं भक्तः श्रद्धयार्चितुमिच्छति ।

तस्य तस्याचलां श्रद्धां तामेव विदधाम्यहम् ॥21॥

स तया श्रद्धया युक्तस्तस्याराधनमीहते ।
लभते च ततः कामान्मयैव विहितान्हि तान् ॥22॥

अन्तवत्तु फलं तेषां तद्भवत्यल्पमेधसाम् ।
देवान्देवयजो यान्ति मद्भक्ता यान्ति मामपि ॥23॥

अव्यक्तं व्यक्तिमापन्नं मन्यन्ते मामबुद्धयः ।
परं भावमजानन्तो ममाव्ययमनुत्तमम् ॥24॥

नाहं प्रकाशः सर्वस्य योगमायासमावृतः ।
मूढोऽयं नाभिजानाति लोको मामजमव्ययम् ॥25॥

वेदाहं समतीतानि वर्तमानानि चार्जुन ।
भविष्याणि च भूतानि मां तु वेद न कश्चन ॥26॥

इच्छाद्वेषसमुत्थेन द्वन्द्वमोहेन भारत ।
सर्वभूतानि सम्मोहं सर्गे यान्ति परन्तप ॥27॥

येषां त्वन्तगतं पापं जनानां पुण्यकर्मणाम् ।
ते द्वन्द्वमोहनिर्मुक्ता भजन्ते मां दृढव्रताः ॥28॥

जरामरणमोक्षाय मामाश्रित्य यतन्ति ये ।
ते ब्रह्म तद्विदुः कृत्स्नमध्यात्मं कर्म चाखिलम् ॥29॥

साधिभूताधिदैवं मां साधियज्ञं च ये विदुः ।
प्रयाणकालेऽपि च मां ते विदुर्युक्तचेतसः ॥30॥

श्री भगवान बोले :

त्रिगुण के भावन भ्रमित जगत है।

सब में व्याप्त हूँ अति शमीय मैं - मोहित गुणन न जानि सकत है।।

अति दुस्तर अद्‍भुत मम माया - मोहिं नित भजत सो पार करत है।

माया हरित ज्ञान, आसुर नर - मूढ़ पतित नहिं ध्यान धरत है।।

सुकृति सुजन जो प्रिथा तनय वह - मुझको चारि प्रकार भजत है।

आरत, अर्थार्थी, जिज्ञासू - ज्ञानी सभी उदार भगत है।।

तामें ज्ञानी अति उत्तम, तेहि - अतिप्रिय मैं - वह मोहिं लगत है।

ज्ञानी तो मम स्वरूप ही है - उत्तम गति मोहिं माहिं रहत है।।

जन्मन अंत के अंत जन्म में - वासुदेव सब ज्ञानि जपत है।

ज्ञानी भक्त है अति दुर्लभ जग - जो मन बुद्धि नित मोहिं रखत है।।

ज्ञान हरा कामना से जिनका - अन्य देव कुछ लोग यजत हैं।

श्रद्धा स्थिर करता उनकी - उन देवन जेहिं यजन चहत है।।

इच्छित भोग देव से पावत - सोउ मम रचित विधान रहत है।

नाशवान फल अज्ञ जनो का - देवन प्राप्त जो देव यजत है।।

चाहे जैसे भक्त भजत मम - अंत समय मोहि प्राप्त करत है।

भाव अनुत्तम अविनाशी मम - बुद्धि हीनं बुद्धि नहिं दरसत है।।

योग शक्ति से क्षिपा हूँ मैं - नहिं सब समक्ष प्रत्यक्ष रहत है।

मैं जानऊँ भूत त्रिकालन के - मोहिं भक्ति रहित नहिं जान सकत है।।

इच्छा, द्वेष जनित द्वंदों से मोहित जन अति अज्ञ परत है।

मोहि परमात्मा अज अविनाशिहि - जन्मित व्यक्ति समान लखत है।।

कर्म योग से पाप हीन नर - सब प्रकार से मोहि भजत है।

जन्म मृत्यु की मुक्ति होतु जो - शरण होई मम यजन करत है।।

जानत ब्रह्म व पूर्ण कर्म वह - तथा अखिल अध्याय लखत है।

मोहिं अधिभूत, अधिदैव, अधियज्ञ से - अर्जुन अंत निहारितरत है।।

इति

अध्याय ८

पद १

श्लोक (१ से ५ तक)

(अक्षर ब्रह्म योग)

सम्बन्ध : ब्रह्म , आध्यात्म, कर्म, अधिभूत, अधिदैव और अधियज्ञ इन छहों का तथा प्रयाण काल में भगवान को जानने का रहस्य भली-भाँति समझ में न आने के कारण अर्जुन आठवे अध्याय के प्रथम दो श्लोकों में भगवान से सात प्रश्न करते हैं।

अर्जुन उवाच।

किं तद्ब्रह्म किमध्यात्मं किं कर्म पुरुषोत्तम ।
अधिभूतं च किं प्रोक्तमधिदैवं किमुच्यते ॥1॥

अधियज्ञः कथं कोऽत्र देहेऽस्मिन्मधुसूदन ।
प्रयाणकाले च कथं ज्ञेयोऽसि नियतात्मभिः ॥2॥

श्रीभगवान उवाच।
अक्षरं ब्रह्म परमं स्वभावोऽध्यात्ममुच्यते।
भूतभावोद्भवकरो विसर्गः कर्मसञ्ज्ञितः ॥3॥

अधिभूतं क्षरो भावः पुरुषश्चाधिदैवतम् ।

अधियज्ञोऽहमेवात्र देहे देहभृतां वर ॥4॥

अन्तकाले च मामेव स्मरन्मुक्त्वा कलेवरम् ।
यः प्रयाति स मुद्भावं याति नास्त्यत्र संशयः ॥5॥

अर्जुन जी बोले :

पार्थ रहस्य समझि नहीं पाये।

प्रश्न करत क्या ब्रह्म है केशव - और कौन आध्यात्म कहाये।।

पुरुषोत्तम क्या कर्म कहावत - केहि अधिभूत, अधिदैव बताये।

कौन अधियज्ञ रहत तन कैसे - अन्त युक्त चित के हि विधि आये।।

श्री भगवान बोले :

परम अक्षर है ब्रह्म कहावत - निज स्वरूप आध्यात्म कहाये।

भूत भाव अभ्युदय त्याग जो - प्रिथा तनय सोइ कर्म बताये।।

उत्पत्ति और विनाशशील सब - जो पदार्थ अधिभूत में आये।

सूतात्मा ही सुनहु धनन्जय - प्रथम पुरुष अधिदैव कहाये।।

अंतरयामी रूप से मैं ही - वासुदेव अधियज्ञ बताये।

अंत समय मोहिं सुमिरि तजत तन - सो मम धाम असंशय पाये।।

सम्बन्ध : भगवान को स्मरण करते हुए मरने वाला भगवान को प्राप्त होता है। ऐसा कहा गया - इस पर यह जिज्ञासा होती है कि - यह

नियम केवल भगवान के स्मरण में ही है या सभी के सम्बन्ध में है। इस पर कहते हैं :

पद २

श्लोक (६ से १० तक)

यं यं वापि स्मरन्भावं त्यजत्यन्ते कलेवरम् ।
तं तमेवैति कौन्तेय सदा तद्भावभावितः ॥6॥

तस्मात्सर्वेषु कालेषु मामनुस्मर युध्य च ।
मय्यर्पितमनोबुद्धिर्मामेवैष्यस्यसंशयम् ॥7॥

अभ्यासयोगयुक्तेन चेतसा नान्यगामिना ।
परमं पुरुषं दिव्यं याति पार्थानुचिन्तयन् ॥8॥

कविं पुराणमनुशासितारमणोरणीयांसमनुस्मरेद्यः ।
सर्वस्य धातारमचिन्त्यरूपमादित्यवर्णं तमसः परस्तात् ॥9॥

प्रयाणकाले मनसाचलेन भक्त्या युक्तो योगबलेन चैव ।
भ्रुवोर्मध्ये प्राणमावेश्य सम्यक् स तं परं पुरुषमुपैति दिव्यम्
॥10॥

श्री भगवान बोले :

अंत मती जो होति गती सो।

होत भाव जो अंतकाल में - भाव गती सोई पावत है सो।।

अंत रहत सोई भाव धनन्जय - जीवन काल में भावित है जो।

करू अतः मेरा स्मरण निरन्तर - धर्म युद्ध भी नियत है जो।।

मुझ में अर्पित मन बुद्धि वाला - मोहिं असंशय पावत है वो।

अन्त समय अधियज्ञ रुप से - सुनु जेहिं विधि मोहिं जानत है जो।।

अभ्यास योग से युक्त निरन्तर - स्थिर चित स्मरत है जो।

सर्वज्ञ, अनादि, नियन्ता, सूक्ष्म अति - धारक पोषक पुरुष है जो।।

सूर्य सदृश चेतन प्रकाशन मय - शुद्ध सच्चिदानन्द घन है जो।

अति परे अविधा से अचिन्त्य है - उसे सदा स्मरत है जो।।

अंत योग बल से भृगुटी में - प्राण स्थापित करत है सो।

परम प्रकाश स्वरूप पुरुष को - योगी प्राप्त करत है वो।।

सम्बन्ध :
अब श्री भगवान परम अक्षर निर्गुण निराकार पर ब्रह्म के उपासक योगियों की अंत कालीन गति का वर्णन करते हैं।

श्री भगवान बोले :

पद ३

श्लोक (११ से १३ तक)

यदक्षरं वेदविदो वदन्ति विशन्ति यद्यतयो वीतरागाः।
यदिच्छन्तो ब्रह्मचर्यं चरन्ति तत्ते पदं संग्रहेण प्रवक्ष्ये ॥11॥

सर्वद्वाराणि संयम्य मनो हृदि निरुध्य च ।
मूर्ध्न्याधायात्मनः प्राणमास्थितो योगधारणाम् ॥12॥

ओमित्येकाक्षरं ब्रह्म व्याहरन्मामनुस्मरन्।
यः प्रयाति त्यजन्देहं स याति परमां गतिम् ॥13॥

निर्गुण निराकार गति भाषी।

परम अक्षर सच्चिदा घन - रूप परम पद के अभिलाषी।।

प्रविशत जामें यत्नशील हैं - योगी संगहीन संन्यासी।

ब्रह्म चारि, ब्रह्म चर्य आचरहि - पावन को पद होय उदासी।।

सो संक्षेपहिं कहऊँ धनन्जय - वदहिं वेदविद जेहिं अविनाशी।

इन्द्रिय द्वार रोकि मन वश रखि- योग से प्राण ललाट निवासी।।

चिन्तन करत मोहि निर्गुण को - अर्थ स्वरूप ॐ मुख भाषी।

तन त्यागत जो पृथा तनय वह - पाव परम पद गति अविनाशी।।

सम्बन्ध : इस प्रकार साधारण मनुष्यों द्वारा सगुण निराकार तथा निगुर्न का साधन किया जाना बहुत ही कठिन है। अत एव सुगमता से परमेश्वर प्राप्ति की उपाय जानने की इच्छा होने पर अब भगवान अपने नित्य निरन्तर समरण को अपनी प्राप्ति का सुगम उपाय बतलाते हैं।

पद ४

श्लोक (१४ से २२ तक)

अनन्यचेताः सततं यो मां स्मरति नित्यशः ।
तस्याहं सुलभः पार्थ नित्यमुक्तस्य योगिनः ॥14॥

मामुपेत्य पुनर्जन्म दुःखालयमशाश्वतम् ।
नाप्नुवन्ति महात्मानः संसिद्धिं परमां गताः ॥15॥

आब्रह्मभुवनाल्लोकाः पुनरावर्तिनोऽर्जुन ।
मामुपेत्य तु कौन्तेय पुनर्जन्म न विद्यते ॥16॥

सहस्रयुगपर्यन्तमहर्यद्ब्रह्मणो विदुः।
रात्रिं युगसहस्रान्तां तेऽहोरात्रविदो जनाः ॥17॥

अव्यक्ताद्व्यक्तयः सर्वाः प्रभवन्त्यहरागमे।
रात्र्यागमे प्रलीयन्ते तत्रैवाव्यक्तसञ्ज्ञके ॥18॥

भूतग्रामः स एवायं भूत्वा भूत्वा प्रलीयते ।
रात्र्यागमेऽवशः पार्थ प्रभवत्यहरागमे ॥19॥

परस्तस्मात्तु भावोऽन्योऽव्यक्तोऽव्यक्तात्सनातनः ।
यः स सर्वेषु भूतेषु नश्यत्सु न विनश्यति ॥20॥

अव्यक्तोऽक्षर इत्युक्तस्तमाहुः परमां गतिम्।
यं प्राप्य न निवर्तन्ते तद्धाम परमं मम ॥21॥

पुरुषः स परः पार्थ भक्त्या लभ्यस्त्वनन्यया ।
यस्यान्तःस्थानि भूतानि येन सर्वमिदं ततम् ॥22॥

श्री भगवान बोले :

केशव सुगम उपाय सुझावत।

जो अनन्य चित नित्य निरंतर -

मोहिं चित धरत सो सहजहि पावत।।

नश्वर पुनर्जन्म दुःख का घर -

मोहिं पाय पुनि पुनः न पावत।

मैं हूँ कालातीत इसलिये -

मोहिं प्राप्त कर लौटि न आवत।।

ब्रह्म लोक पर्यन्त पृथासुत -

सब पुनरावृति कहलावत।

आठ सौ चौसठ वर्ष करोर का -

एक निशा दिशि ब्रह्म कहावत।।

इस प्रकार सत एक वर्ष में -

ब्रह्म का जीवन काल पुरावत।

दिवश प्रवेष काल में ब्रह्मा -

सूक्ष्म शरीर से जग उपजावत।।

रात्रि प्रवेश में सकल चरा-चर -

निज तन ब्रह्म विलीन करावत।

प्रकृति के वश सब दिवश में उपजहिं-

निशा ब्रह्म तन सूक्ष्म समावत।।

उस अव्यक्त से परे विलक्षण -

भाव अव्यक्त, सनातन आवत।

परम दिव्य वह पुरुष सनातन-

नाश भये सब नाहिं नशावत।।

वह अक्षर अव्यक्त भाव ही -

परमगती मम धाम कहावत।

जिससे सब परिपूर्ण जगत है -

जेहि अन्तरगत भूत सब आवत।।

अनन्य भाव से प्राप्ति योग्य वह -

परम पुरुष योगेश बतावत।

केशव सुगम उपाय सुझावत।।

सम्बन्ध : अब श्री भगवान वापस लौटने वाले तथा वापस न लौटने वाले मार्गों का वर्णन करते हैं।।

पद ५

श्लोक (२३ से २८ तक)

यत्र काले त्वनावृत्तिमावृत्तिं चैव योगिनः।
प्रयाता यान्ति तं कालं वक्ष्यामि भरतर्षभ ॥23॥

अग्निर्योतिरहः शुक्लः षण्मासा उत्तरायणम्।
तत्र प्रयाता गच्छन्ति ब्रह्म ब्रह्मविदो जनाः ॥24॥

धूमो रात्रिस्तथा कृष्णः षण्मासा दक्षिणायनम् ।
तत्र चान्द्रमसं ज्योतिर्योगी प्राप्य निवर्तते ॥25॥

शुक्लकृष्णे गती हयेते जगतः शाश्वते मते ।
एकया यात्यनावृत्तिमन्ययावर्तते पुनः ॥26॥

नैते सृती पार्थ जानन्योगी मुह्यति कश्चन ।
तस्मात्सर्वेषु कालेषु योगयुक्तो भवार्जुन ॥27॥

वेदेषु यज्ञेषु तपःसु चैव दानेषु यत्पुण्यफलं प्रदिष्टम्।
अत्येति तत्सर्वमिदं विदित्वा योगी परं स्थानमुपैति चाद्यम्
॥28॥

श्री भगवान बोले -

शाश्वत शुक्ल कृष्ण पथ पावन।

शुक्ल मार्ग से जाई न आवत - कृष्ण गये पुनिपरत है आवन।।

पथ अभिमानी देवन द्वारा - क्रम से पहुँचत निज-निजठावन।

देव अभिमानी शुक्ल में अग्नि - दिवश व शुक्ल पक्ष उत्तरायन।।

कृष्ण अभिमानी धूम, निशा अरू - कृष्ण का पक्ष तथा दक्षिणायन।

योगी तत्व से जानि उभय पथ - मोहित होत न मोह के भावन।।

जो कि होत कर्मफल, अर्जुन - यज्ञ, दान, तप वेद वेद के गावन।

जानि रहस्य उलंघहि योगी - प्राप्त परम पद करत सुहावन।।

इति

सम्बन्ध : अब श्री भगवान सातवें अध्याय में आरम्भ किये हुये विज्ञान सहित ज्ञान का सांगोपांग वर्णन न हो पाने के कारण उसी विषय को भली-भाँति समझाने के उद्देश्य से नवम अध्याय आरम्भ करते हैं।

अध्याय ९

पद १

श्लोक (१ से १० तक)

राजविद्या राजगुह्य योग

श्रीभगवानुवाच।
इदं तु ते गुह्यतमं प्रवक्ष्याम्यनसूयवे।
ज्ञानं विज्ञानसहितं यज्ज्ञात्वा मोक्ष्यसेऽशुभात् ॥1॥

राजविद्या राजगुह्यं पवित्रमिदमुत्तमम्।
प्रत्यक्षावगमं धर्म्यं सुसुखं कर्तुमव्ययम् ॥2॥

अश्रद्दधानाः पुरुषा धर्मस्यास्य परन्तप ।
अप्राप्य मां निवर्तन्ते मृत्युसंसारवर्त्मनि ॥3॥

मया ततमिदं सर्वं जगदव्यक्तमूर्तिना ।
मत्स्थानि सर्वभूतानि न चाहं तेष्ववस्थितः ॥4॥

न च मत्स्थानि भूतानि पश्य मे योगमैश्वरम् ।
भूतभृन्न च भूतस्थो ममात्मा भूतभावनः ॥5॥

यथाकाशस्थितो नित्यं वायुः सर्वत्रगो महान् ।

तथा सर्वाणि भूतानि मत्स्थानीत्युपधारय ॥6॥

सर्वभूतानि कौन्तेय प्रकृतिं यान्ति मामिकाम् ।
कल्पक्षये पुनस्तानि कल्पादौ विसृजाम्यहम् ॥7॥

प्रकृतिं स्वामवष्टभ्य विसृजामि पुनः पुनः ।
भूतग्राममिमं कृत्स्नमवशं प्रकृतेर्वशात् ॥8॥

न च मां तानि कर्माणि निबध्नन्ति धनञ्जय।
उदासीनवदासीनमसक्तं तेषु कर्मसु ॥9॥

मयाध्यक्षेण प्रकृतिः सूयते सचराचरम् ।
हेतुनानेन कौन्तेय जगद्विपरिवर्तते ॥10॥

श्री भगवान बोले :

दोश विहीन दिृष्टि लाखि तोरी।

परम गुह्य भली-भाँति कहऊँ तोहिं - ज्ञान सहित विज्ञान बहोरी।।

गोपनीय, विध्यन का राजा - सुगम साध्य अति उत्तम जोरी।

फल प्रत्यक्ष, पावन, अविनाशी - जो भव बन्धन देत है छोरी।।

श्रद्धा हीन है जो इस धर्म में - मोहि प्राप्त करि सकत न वोरी।

मृत्यु रूप संसार चक्र में - भ्रमण है करत रहत सुनु सोरी।।

मुझ अव्यक्त से जग परिपूर्ण है - जल से बर्फ समान सुनोरी।

संकल्प अधार से भूत है स्थित - मुझ में, पर मैं उन न रहोरी।।

वास्तव में वे भूत न मुझमें - योग शक्ति ईश्वरी लखोरी।

हूँ उत्पति कारक, धारक, पोषक - पर भूतन आत्मा रहतिन मोरी।।

नभ से उपजी वायु नभ में ही - जैसे भ्रमण करत सब ओरी।

वैसे मम संकल्प से उपजित - भूत सफल मोहिं में समझोरी।।

महाप्रलय में लीन होत सब - अर्जुन भूत प्रकृति में मोरी।

स्वभाव से विवश भूत कल्यादि में - कर्म अनुसार से रचऊँ बहोरी।।

उदासीन आसक्ति हीन, सम - स्थिति करमन में उन मोरी।

पृथातनय येहि कारण से मोहिं - बाँधि सकत नहिं करम की डोरी।।

मुझ अधिष्ठाता के सकास को - प्रकृति परन्तप पाय के मोरी।

रचती जगत चराचर जिससे - यह संसार चक्र घुमरोरी।।

सम्बन्ध : अब श्री भगवान अपने सगुण साकार रूप का महत्व उसकी भक्ति का प्रकार और उसके गुण व प्रभाव का तत्व समझाने के लिए, आसुरी-प्रकृति के पुरुषों की निन्दा करते हुए कह रहे हैं।

सम्बन्ध :

समस्त विश्व की उपासना भगवान की ही उपासना कैसे है। यह समझाने के लिए

श्री भगवान इस बात का प्रतिपादन करते हैं कि यह समस्त जगत मेरा ही स्वरूप है।

पद ३

श्लोक (१६ से १९ तक)

अहं क्रतुरहं यज्ञः स्वधाहमहमौषधम् ।
मन्त्रोऽहमहमेवाज्यमहमग्निरहं हुतम् ॥16॥

पिताहमस्य जगतो माता धाता पितामहः ।
वेद्यं पवित्रमोङ्कार ऋक्साम यजुरेव च ॥17॥

गतिर्भर्ता प्रभुः साक्षी निवासः शरणं सुहृत् ।
प्रभवः प्रलयः स्थानं निधानं बीजमव्ययम् ॥18॥

तपाम्यहमहं वर्षं निगृह्णाम्युत्सृजामि च।
अमृतं चैव मृत्युश्च सदसच्चाहमर्जुन ॥19॥

श्री भगवान बोले :

इस समग्र जग रूप में मैं हूँ।

यज्ञ, स्वधा, क्रतु, औषधि, अग्नि हूँ - हवन क्रिया, घृत, गन्त्र भी मैं हूँ।।

इस सम्पूर्ण जगत का धाता - माता, पिता, पितामह मैं हूँ।

वेद्य, पवित्र, कर्मफल दाता - ऋगु, यजु, साम, ओंकार भी मैं हूँ।।

सबका भरण व पोषण कर्ता - स्वामी परम धाम भी मैं हूँ।

शुभ व अशुभ कर्म फल दाता - सबका वासस्थान भी मैं हूँ।।

प्रत्युपकार रहित हित कर्ता - स्थिति का आधार भी मैं हूँ।

शरण योग्य कारण अविनाशी - उत्पति, प्रलय, निधान भी मैं हूँ।।

सूर्य रूप तपि वर्षा कर्षत - अमृत, मृत्यु असत, सत मैं हूँ।

इस समग्र जग रूप में मैं हूँ।।

पद २

श्लोक (११ से १५ तक)

अवजानन्ति मां मूढ़ा मानुषीं तनुमाश्रितम् ।
परं भावमजानन्तो मम भूतमहेश्वरम् ॥11॥

मोघाशा मोघकर्माणो मोघज्ञाना विचेतसः।
राक्षसीमासुरीं चैव प्रकृतिं मोहिनीं श्रिताः ॥12॥

महात्मानस्तु मां पार्थ दैवी प्रकृतिमाश्रिताः ।
भजन्त्यनन्यमनसो ज्ञात्वा भूतादिमव्ययम् ॥13॥

सततं कीर्तयन्तो मां यतन्तश्च दृढव्रताः ।
नमस्यन्तश्च मां भक्त्या नित्ययुक्ता उपासते ॥14॥

श्री भगवान बोले :

नहिं मम परम भाव जानत जो।

मोहि प्राणिन के ईश्वर को वह - मूढ़ मनुज समान मानत सो।।

व्यर्थ की आशा, ज्ञान, करम को - हिय विक्षिप्त चित्त आनत वो।

प्रिविति राक्षसी, आसुरि, मोहिन - हिय राखत नहिं त्यागते हैं सो।।

पर, दैवी प्रकृति महात्मा, कारण - भूत, सनातन मोहिं जानत जो।

नाश रहित लखि अनन्य मन से - नमत नाम गुड़ है गावत वो।।

ज्ञान यज्ञ से मोहिं निर्गुण को - अन्य अभिन्न भाव ध्यावत सो।

अपर विराट रूप स्थित मोहिं - पृथक भाव रखि चित धारत वो।।

सम्बन्धः श्री भगवान ने समस्त विश्व को अपना स्वरूप बतलाया इससे इन्द्रादि देवों की पूजा भी हमारी ही पूजा है। परन्तु ऐसा न जानकर पृथक-पृथक भाव रखने से अविनाशी फल नहीं मिलता।।

पद ४

श्लोक (२० से २४ तक)

त्रैविद्या माँ सोमपाः पूतपापा यज्ञैरिष्ट्वा स्वर्गतिं प्रार्थयन्ते।
ते पुण्यमासाद्य सुरेन्द्रलोक मश्नन्ति दिव्यान्दिवि देवभोगान्
॥20॥

ते तं भुक्त्वा स्वर्गलोकं विशालं क्षीणे पुण्ये मर्त्यलोकं विशन्ति ।
एवं त्रयीधर्ममनुप्रपन्ना गतागतं कामकामा लभन्ते ॥21॥

अनन्याश्चिन्तयन्तो मां ये जनाः पर्युपासते।

तेषां नित्याभियुक्तानां योगक्षेमं वहाम्यहम् ॥22॥

येऽप्यन्यदेवता भक्ता यजन्ते श्रद्धयान्विताः ।
तेऽपि मामेव कौन्तेय यजन्त्यविधिपूर्वकम् ॥23॥

अहं हि सर्वयज्ञानां भोक्ता च प्रभुरेव च ।
न तु मामभिजानन्ति तत्त्वेनातश्च्यवन्ति ते ॥24॥

श्री भगवान बोले :

जो मोहिं विश्व रूप जानत नहिं।

सोमरसी, तैविद्य, सकामी - फल अविनाशी वह पावत नहिं।।

स्वर्गा-काक्षी भोगि स्वर्ग सुख - पुण्य क्षीण भये फिर आवत महि।

अनन्य प्रेम से भक्त भजत जो - नित्य निरन्तर चाह रखत नहिं।।

योगक्षेम कर देता उसका - जो मम सिवा अन्य जानत नहिं।

माँ शिशु योगक्षेम करती जस - चिंता शिशु को कोई रहती नहिं।।

श्रद्धा सहित जो देवन पूजहिं - यजत हमहिं पर विधि जानत नहिं।

मैं सब यज्ञो का स्वामी भोक्ता - यह वह तत्व सहित जानत नहिं।।

सम्बन्ध : भगवान के उपासक आवागमन को प्राप्त नहीं होते तथा देवताओं के उपासक आवागमन को प्राप्त होते हैं। इसका क्या कारण है। इस पर उपास्य के स्वरुप और उपासक के भाव से उपासना के फलों में भेद होने का नियम बतलाते हैं।

पद ५

श्लोक (२५ से २८ तक)

यान्ति देवव्रता देवान्पितॄन्यान्ति पितृव्रताः ।
भूतानि यान्ति भूतेज्या यान्ति मद्याजिनोऽपि माम् ॥25॥

पत्रं पुष्पं फलं तोयं यो मे भक्त्या प्रयच्छति ।
तदहं भक्त्युपहृतमश्नामि प्रयतात्मनः ॥26॥

यत्करोषि यदश्नासि यज्जुहोषि ददासि यत् ।
यत्तपस्यसि कौन्तेय तत्कुरुष्व मदर्पणम् ॥27॥

श्री भगवान बोले :

फल में भाव भिन्नता लाता।

उपासक भाव उपास्य स्वरूप - अनुरूप उपासक है फल पाता।।

देव यजी देवन को पावत - पितृ यजी पितरन को पाता।

भूत यजी पावत भूतन को - भक्त हमार हमें यजी पाता।।

शुद्ध, बुद्धि, निष्काम प्रेम से - भक्त हमें जो भोग चढ़ाता।

पत्र पुष्प, फल, जलादि उसका - सगुण रूप धरि प्रिति से खाता।।

यज्ञ, दान, तय जो करता है - कर्ता कर्म जो भोग लगाता।

कर दो हमें समर्पित सब - जब कर्म समर्पित हो जाता।।

शुभ व अशुभ कर्म बन्धन से - भक्त मुक्त है हो जाता।

फल में भाव भिन्नता लाता।।

सम्बन्ध : भगवान की भक्ति करने वाले को भगवान की प्राप्ति होती है अन्य को नहीं। इस कथन से भगवान में विषमता के दोष की आशंका होती है, अत एव भगवान उसका निवारण करते हुए कहते हैं।

पद ६

श्लोक (२९ से ३४ तक)

शुभाशुभफलैरेवं मोक्ष्यसे कर्मबन्धनैः ।
संन्यासयोगयुक्तात्मा विमुक्तो मामुपैष्यसि ॥28॥

राज विद्या योग समोऽहं सर्वभूतेषु न मे द्वेष्योऽस्ति न प्रियः ।
ये भजन्ति तु मां भक्त्या मयि ते तेषु चाप्यहम् ॥29॥

अपि चेत्सुदुराचारो भजते मामनन्यभाक्।
साधुरेव स मन्तव्यः सम्यग्व्यवसितो हि सः ॥30॥

क्षिप्रं भवति धर्मात्मा शश्वच्छान्तिं निगच्छति।
कौन्तेय प्रतिजानीहि न मे भक्तः प्रणश्यति ॥31॥

मां हि पार्थ व्यपाश्रित्य येऽपि स्युः पापयोनयः।
स्त्रियो वैश्यास्तथा शूद्रास्तेऽपि यान्ति परां गतिम् ॥32॥

किं पुनर्ब्राह्मणाः पुण्या भक्ता राजर्षयस्तथा ।
अनित्यमसुखं लोकमिमं प्राप्य भजस्व माम् ॥33॥

मन्मना भव मद्भक्तो मद्याजी मां नमस्कुरु ।
मामेवैष्यसि युक्त्वैवमात्मानं मत्परायणः ॥34॥

श्री भगवान बोले :

व्याप्त हूँ मैं समभाव से सब में।

प्रिय न अप्रिय मेरा कोई, मैं - प्रगट हूँ भक्त में, भक्त है हममें।।

जैसे सूर्य प्रकाशत सम, पर - काष्ट नहीं दरशत दर्पण में।

अतिशय पापी भी यदि भजता - शरण होय मोहिं अनन्य मन में।।

साधु है मानन योग्य वो, क्योंकि - यथार्थ निर्णय रखत भजन में।

धर्मात्मा हो शीघ्र ही होता - योग्य परम पद प्राप्त करन में।।

भक्त न होता नष्ट मेरा, यह - निश्चय अर्जुन जान ले मन में।

स्त्री, वैश्य, शूद्र, चण्डाल भी - पाण्डु तनय मम आय शरण में।।

करत परमगति प्राप्त परन्तप - हो कोई भी भेदन जन में।

कहना क्या राजर्षि, ब्राह्मण - प्राप्त करें जो आई शरण में।।

इस से तन नश्वर निःसुख पा - लगे निरंतर रहो भजन में।

भक्त बनो मुझमें मन वाला - लगु मम पूजन और नमन में।।

होगा मुझको प्राप्त इस तरह - मुझमें आत्मनियुक्ति करन में।

इति

सम्बन्ध : सातवे अध्याय से नवें अध्याय तक विज्ञान सहित, ज्ञान का वर्णन किया गया।

उसके बहुत गम्भीर हो जाने के कारण अब पुनः उसी विषय को भली भाति समझाने के लिए दशवे अध्याय का आरम्भ करते हैं।

अध्याय १०

पद १

श्लोक (१ से ११ तक)

विभूति योग

श्रीभगवानुवाच।

भूय एव महाबाहो शृणु मे परमं वचः।
यत्तेऽहं प्रीयमाणाय वक्ष्यामि हितकाम्यया ॥1॥

न मे विदुः सुरगणाः प्रभवं न महर्षयः ।
अहमादिहि देवानां महर्षीणां च सर्वशः ॥2॥

यो मामजमनादिं च वेत्ति लोकमहेश्वरम् ।
असम्मूढः स मर्येषु सर्वपापैः प्रमुच्यते ॥3॥

बुद्धिर्ज्ञानमसम्मोहः क्षमा सत्यं दमः शमः ।
सुखं दुःखं भवोऽभावो भयं चाभ्यमेव च ॥4॥

अहिंसा समता तुष्टिस्तपो दानं यशोऽयशः ।
भवन्ति भावा भूतानां मत्त एव पृथग्विधाः ॥5॥

महर्षयः सप्त पूर्वे चत्वारो मनवस्तथा ।

मद्भावा मानसा जाता येषां लोक इमाः प्रजाः ॥6॥

विभूति योग एतां विभूतिं योगं च मम यो वेत्ति तत्त्वतः।
सोऽविकल्पेन योगेन युज्यते नात्र संशयः ॥7॥

अहं सर्वस्य प्रभवो मत्तः सर्वं प्रवर्तते ।
इति मत्वा भजन्ते मां बुधा भावसमन्विताः ॥8॥

मच्चित्ता मद्गतप्राणा बोधयन्तः परस्परम् ।
कथयन्तश्च मां नित्यं तुष्यन्ति च रमन्ति च ॥9॥

तेषां सततयुक्तानां भजतां प्रीतिपूर्वकम् ।
ददामि बुद्धियोगं तं येन मामुपयान्ति ते ॥10॥

तेषामेवानुकम्पार्थमहमज्ञानजं तमः ।
नाशयाम्यात्मभावस्थो ज्ञानदीपेन भास्वता ॥11॥

श्री भगवान बोले :

अतिशय प्रीति तोरि लखि के।

परम रहस्य प्रभाव कहऊँ पुनि - चित में हित चाह तोरि रख के।।

मम उत्पत्ति देव न जानहिं - प्रगट हूँ जो लीला करके।

क्योंकि देव महर्षि जनों का - कारण आदि हूँ मैं सबके।।

लोकों का ईश्वर महान - जो अज, अनादि, जानत हमके।

पुरुषो में है, ज्ञानवान वह - छूट जात सब अघ उनके।।

उत्पत्ति, प्रलय, भया-भय, सुख-दुःख - सत्य, क्षमा, सम-दान तपन के।

असम्मोह, दम, कीर्ति - अपकीरति - संन्तोष , ज्ञान, बुद्धि निग्रह मन के।।

नाना भाव ये होत हमी से - सुनहु पार्थ सब प्राणि जनन के।

सात महर्षि, चार सनकादी, चौदह मजु हम मे मन के।।

मम संकल्प से है उपजित, यह - जंग सम्पूर्ण प्रजा जिनके।

परमेश्वर्य विभूति योग का - ज्ञान तत्वतः जिन पुरुषन के।।

होति परन्तय प्राप्त असंशय - निश्चल भक्ति योग उनके।

चेष्टा करता जग मुझसे, मैं - आदि हूँ कारण जग उपजन के।।

समझ के ऐसा, श्रद्धा भक्ति से - करत निरन्तर भक्त भजन के।

गुण प्रभाव मम कथत परस्पर - नमत मोहिं अर्पत प्राणन के।।

प्रेम पूर्वक भजन ध्यान में - लगे हुए ऐसे भक्तन के।

प्राप्त कराता हूँ अपने को - देकर बुद्धि योग उनके।।

अज्ञान तिमिर मैं ज्ञान दीप से - अन्तश का नाशूँ उसके।

सम्बन्ध : श्री भगवान अपनी योग शक्ति और विभूतियों का वर्णन करके उसका फल अविचल भक्ति की प्राप्ति बतलाया - इस पर अर्जुन विस्तार सहित पुनः वर्णन करने के लिये प्रार्थना करते हैं।

पद २

श्लोक (१२ से १८ तक)

अर्जुन उवाच। परं ब्रह्म परं धाम पवित्रं परमं भवान् ।
पुरुषं शाश्वतं दिव्यमादिदेवमजं विभुम् ॥12॥

आहुस्त्वामृषयः सर्वे देवर्षि रदस्तथा।
असितो देवलो व्यासः स्वयं चैव ब्रवीषि मे ॥13॥

सर्वमेतदृतं मन्ये यन्मां वदसि केशव।
न हि ते भगवन्व्यक्तिं विदुर्देवा न दानवाः ॥14॥

स्वयमेवात्मनात्मानं वेत्थ त्वं पुरुषोत्तम ।
भूतभावन भूतेश देवदेव जगत्पते ॥15॥

वक्तुमर्हस्यशेषेण दिव्या ह्यात्मविभूतयः।
याभिर्विभूतिभिर्लोकानिमांस्त्वं व्याप्य तिष्ठसि ॥16॥

कथं विद्यामहं योगिंस्त्वां सदा परिचिन्तयन्।
केषु केषु च भावेषु चिन्त्योऽसि भगवन्मया ॥17॥

विस्तरेणात्मनो योगं विभूतिं च जनार्दन ।
भूयः कथय तृप्तिर्हि शृण्वतो नास्ति मेऽमृतम् ॥18॥

अर्जुन जी बोले :

दिव्य विभूति योग पुनि आपन।

मोहिं विस्तार से कहहु होति नहिं - अमिय वचन सुनि तृप्ति जनार्दन।।त्मन।।

परम ब्रह्म हैं परम धाम हैं - केशव आप परम है पावन।

दिव्य पुरुष, अज, आदि देव, विभु - कहहिं ऋषि मुनि सकल सनातन।।

वैसे नारद, असित व देवल - व्यास कहें सो कहहु निज आनन।

जो कुछ आप कहे मेरे प्रति - सो सब मानहुँ सत्य जनार्दन।।

स्वामिन देव न दानव जानहिं - लीला मय स्वरूप तब पावन।

हे पुरुषोत्तम, हे जग स्वामिन - देव, देव है भूतन भावन।।

सम्पूर्ण विभूति कहो जिनसे हैं - स्थित लोकन को करि धारन।

चिन्तन करत निरन्तर जानऊँ - किस प्रकार मैं किन-किन भावन।।

है समर्थ कहने में आप ही - क्योंकि जानहु आपहिं आपन।

अमिय सदृश सुनि वचन आप के - होति तृप्ति नहीं मोहिं महातमन

पद ३

श्लोक (१८ से ४२ तक)

श्रीभगवानुवाच।

हन्त ते कथयिष्यामि दिव्या ह्यात्मविभूतयः ।
प्राधान्यतः कुरुश्रेष्ठ नास्त्यन्तो विस्तरस्य मे ॥19॥

अहमात्मा गुडाकेश सर्वभूताशयस्थितः ।
अहमादिश्च मध्यं च भूतानामन्त एव च ॥20॥

आदित्यानामहं विष्णुर्योतिषां रविरंशुमान्।
मरीचिर्मरुतामस्मि नक्षत्राणामहं शशी ॥21॥

वेदानां सामवेदोऽस्मि देवानामस्मि वासवः।
इन्द्रियाणां मनश्चास्मि भूतानामस्मि चेतना ॥22॥

रुद्राणां शङ्करश्चास्मि वित्तेशो यक्षरक्षसाम्।
वसूनां पावकश्चास्मि मेरुः शिखरिणामहम् ॥23॥

पुरोधसां च मुख्यं मां विद्धि पार्थ बृहस्पतिम् ।
सेनानीनामहं स्कन्दः सरसामस्मि सागरः ॥24॥

महर्षीणां भृगुरहं गिरामस्म्येकमक्षरम् ।
यज्ञानां जपयज्ञोऽस्मि स्थावराणां हिमालयः ॥25॥

अश्वत्थः सर्ववृक्षाणां देवर्षीणां च नारदः ।
गन्धर्वाणां चित्ररथः सिद्धानां कपिलो मुनिः ॥26॥

उच्चैः श्रवसमश्वानां विद्धि माममृतोद्भवम् ।
ऐरावतं गजेन्द्राणां नराणां च नराधिपम् ॥27॥

आयुधानामहं वज्रं धेनूनामस्मि कामधुक्।
प्रजनश्चास्मि कन्दर्पः सर्पाणामस्मि वासुकिः ॥28॥

अनन्तश्चास्मि नागानां वरुणो यादसामहम् ।
पितॄणामर्यमा चास्मि यमः संयमतामहम् ॥29॥

प्रह्लादश्चास्मि दैत्यानां कालः कलयतामहम् ।
मृगाणां च मृगेन्द्रोऽहं वैनतेयश्च पक्षिणाम् ॥30॥

पवनः पवतामस्मि रामः शस्त्रभृतामहम्।
झषाणां मकरश्चास्मि स्त्रोतसामस्मि जाह्नवी ॥31॥

सर्गाणामादिरन्तश्च मध्यं चैवाहमर्जुन ।
अध्यात्मविद्या विद्यानां वादः प्रवदतामहम् ॥32॥

अक्षराणामकारोऽस्मि द्वन्द्वः सामासिकस्य च।
अहमेवाक्षयः कालो धाताहं विश्वतोमुखः ॥33॥

मृत्युः सर्वहरश्चाहमुद्भवश्च भविष्यताम् ।
कीर्तिः श्रीर्वाक्च नारीणां स्मृतिर्मेधा धृतिः क्षमा ॥34॥

बृहत्साम तथा साम्नां गायत्री छन्दसामहम् ।
मासानां मार्गशीर्षोऽहमृतूनां कुसुमाकरः ॥35॥

द्यूतं छलयतामस्मि तेजस्तेजस्विनामहम्।

जयोऽस्मि व्यवसायोऽस्मि सत्त्वं सत्त्ववतामहम् ॥36॥

वृष्णीनां वासुदेवोऽस्मि पाण्डवानां धनञ्जयः ।
मुनीनामप्यहं व्यासः कवीनामुशना कविः ॥37॥

दण्डो दमयतामस्मि नीतिरस्मि जिगीषताम् ।
मौनं चैवास्मि गुह्यानां ज्ञानं ज्ञानवतामहम् ॥38॥

यच्चापि सर्वभूतानां बीजं तदहमर्जुन।
न तदस्ति विना यत्स्यान्मया भूतं चराचरम् ॥39॥

नान्तोऽस्ति मम दिव्यानां विभूतीनां परन्तप ।
एष तूद्देशतः प्रोक्तो विभूतेर्विस्तरो मया ॥40॥

यद्यद्विभूतिमत्सत्त्वं श्रीमदूर्जितमेव वा।
तत्तदेवावगच्छ त्वं मम तेजोंऽशसम्भवम् ॥41॥

अथवा बहुनैतेन किं ज्ञातेन तवार्जुन ।
विष्टभ्याहमिदं कृत्स्नमेकांशेन स्थितो जगत् ॥42॥

श्री भगवान बोले :

सुनु निज दिव्य विभूति कहऊँ मैं।

अर्जुन अन्तन मम विभूति का - मुख्य - मुख्य जो सोई कहऊँ मैं।।

आत्मा हूँ मैं सब भूतों का - आदि अन्त व मध्य हूँ मैं।

अदिति पुत्र में मैं विष्णु हूँ - दिति पुत्रों में मरिचि हूँ मैं।।

नक्षत्रों का अधिपति चन्द्र हूँ - ज्योतिर्मान में सूरज हूँ मैं।

देव में इन्द्र, इन्द्रियों में मन - साम वेद, वेदों में हूँ मैं।।

प्राणिन में चेतना, एकादश - रुद्रों में शंकर हूँ मैं।

यक्ष राक्षसों में कुबेर हूँ - वसुओं में पावक हूँ मैं।।

पुरोहितों में बृहस्पति हूँ - शिखरों में सुमेरु हूँ मैं।

सेनापतियों में स्कन्द हूँ - जलाशयों में उदधि हूँ मैं।।

महर्षियों में भृगु मुनि हूँ - शब्दों में ओंकार हूँ मैं।

यज्ञों में जप यज्ञ तथा - स्थिरता में हिमगिरि हूँ मैं।।

देवर्षिन में मैं नारद हूँ - वृक्षों में पीपल हूँ मैं।

सिद्धों में मैं कपिल मुनि हूँ - गन्धर्वों में चित्ररथ हूँ मैं।।

उच्चश्रवा हूँ मैं अश्वों में - हाथिन में ऐराव हूँ मैं।

नर में नरपति, वज्र शस्त्र में - कामधेनु गौवों में हूँ मैं।।

सन्तानोत्पत्ति में काम हूँ - सर्पों में वासुकि हूँ मैं।

जलचर का अधिपती वरुण हूँ - शेष नाग नागों में हूँ मैं।।

पितरों में अर्यमा पितर हूँ - शासक में यमराज हूँ मैं।

पशु में सिंह, गरुण पक्षी में - दैत्यों में प्रह्लाद हूँ मैं।।

समय हूँ गणना करने वाला - पावनता में वायु हूँ मैं।

शस्त्र धारियों में श्री राम हूँ - नदियों में गंगा हूँ मैं।।

सृष्टि का आदि, अन्त, मध्य हूँ - विद्यन में अध्यात्म हूँ मैं।

वाद हूँ मैं यथार्थ निर्णय में - अक्षर में ॐकार हूँ मैं।।

द्वन्द समास हूँ मैं समास में - महाकाल कालों का हूँ मैं।

मुख सब ओर विराट स्वरूप हूँ - सबका धारक पोषक हूँ मैं।।

करने वाला नाश मृत्यु हूँ - सब का उत्पत्ती हेतु हूँ मैं।

कीर्ति, वाक्, श्री, स्मृति मेधा - धृती क्षमा नारिन में हूँ मैं।।

मासों में मैं मार्गशीर्ष हूँ - ऋतुओं में वसन्त हूँ मैं।

प्रभाव शालियों का प्रभाव हूँ - छलियों में जुआ हूँ मैं।।

निश्चय हूँ निश्चयी पुरुष का - विजयी पुरुष में विजय हूँ मैं।

वृष्णि वंश में वासुदेव हूँ - पाण्डव में अर्जुन हूँ मैं।।

मुनियों में मैं वेदव्यास हूँ - शुक्राचार्य कवियों में हूँ मैं।

सात्विक पुरुष का सात्विक भाव हूँ - तत्वज्ञान, ज्ञानिन में हूँ मैं।।

मुझसे रहित न भूत, चराचर - सबका उत्पत्ति कारण हूँ मैं।

यह विस्तार विभूति योग का - एकदेश से कहा हूँ मैं।।

जो कान्ति, शक्ति, ऐश्वर्य युक्त - वह तेज अंश अभिव्यक्ति हूँ मैं।

बहुत क्या अपने एक अंश से - धारण करि जग स्थित हूँ मैं।।

शब्द - अर्थ
एकदेश - संक्षेप

सम्बन्ध : अब अर्जुन श्री भगवान से विश्वरूप का दर्शन कराने की प्रार्थना करते हैं।

अध्याय ११

पद १

श्लोक (१ से ४ तक)

विश्वरूप दर्शन योग

अर्जुन उवाच।

मदनुग्रहाय परमं गुह्यमध्यात्मसञ्ज्ञितम् ।
यत्त्वयोक्तं वचस्तेन मोहोऽयं विगतो मम ॥1॥

भवाप्ययौ हि भूतानां श्रुतौ विस्तरशो मया ।
त्वत्तः कमलपत्राक्ष माहात्म्यमपि चाव्ययम् ॥2॥

एवमेतद्यथात्थ त्वमात्मानं परमेश्वर ।
द्रष्टुमिच्छामि ते रूपमैश्वरं पुरुषोत्तम ॥3॥

मन्यसे यदि तच्छक्यं मया द्रष्टुमिति प्रभो ।
योगेश्वर ततो मे त्वं दर्शयात्मानमव्ययम् ॥4॥

अर्जुन जी बोले :

परम गुह्य अध्यात्म वचन।

केशव कहें अनुग्रह करि मोहिं - रहा न अब अज्ञान वदन।।

विस्तारपूर्वक भूतों की - उत्पत्ति प्रलय हे कमलनयन।

आप की अविनाशी महिमा थी - हमने आपसे किया श्रवण।।

जैसा कहे आप अपने को - ठीक ही वैसा है भगवन।

परमैश्वर्य रूप आप का - यदि मैं देख सकूँ निज नयनन।।

तो, हे योगेश्वर, उस अविनाशी - रूप का करवा दो दर्शन।

सम्बन्ध : अब श्री भगवान विश्वरूप का वर्णन करते हुए उसे देखने की आज्ञा देते हैं।

पद २

श्लोक (५ से ८ तक)

श्रीभगवानुवाच।
पश्य मे पार्थ रूपाणि शतशोऽथ सहस्रशः।
नानाविधानि दिव्यानि नानावर्णाकृतीनि च ॥5॥

पश्यादित्यान्वसूरुद्रानश्विनौ मरुतस्तथा ।
बहून्यदृष्टपूर्वाणि पश्याश्चर्याणि भारत ॥6॥

इहैकस्थं जगत्कृत्स्नं पश्याद्य सचराचरम् ।
मम देहे गुडाकेश यच्चान्यद्द्रष्टुमिच्छसि ॥7॥

न तु मां शक्यसे द्रष्टुमनेनैव स्वचक्षुषा।

दिव्यं ददामि ते चक्षुः पश्य मे योगमैश्वरम् ॥8॥

श्री भगवान बोले :

अर्जुन रूप अलौकिक देखो।

अद्‌भुत योग शक्ति विरचित - ये नाना वर्ण आकृति देखो।।

अदिति के बारह पुत्र तथा - अश्विनी कुमार दोनों देखो।

दिती पुत्र उन्चास मरुद्गण - आठो वसुओं को देखो।।

ग्यारह रुद्रों को देखो, व - और न देखा भी देखो।

सम्पूर्ण चराचर जगत हमारे - तन में एक जग है देखो।।

जो कुछ और देखना चाहो - उसको भी अर्जुन देखो।

ये रूप मेरा प्राकृति नयनों से - शक्य नहीं कि तुम देखो।।

देता हूँ दिव्य दृष्टि तुझको - ईश्वरी योगशक्ति देखो।

सम्बन्ध : अर्जुन को दिव्य दृष्टि देकर श्री भगवान जिस दिव्य विराट रूप को दिखाया अब संजय उसी का वर्णन करते हैं।

पद ३

श्लोक (९ से १४ तक)

सञ्जय उवाच।

एवमुक्त्वा ततो राजन्महायोगेश्वरो हरिः ।

दर्शयामास पार्थाय परमं रूपमैश्वरम् ॥9॥

अनेकवक्त्रनयनमनेकाद्भुतदर्शनम् ।
अनेकदिव्याभरणं दिव्यानेकोद्यतायुधम् ॥10॥

दिव्यमाल्याम्बरधरं दिव्यमन्धानुलेपनम्।
सर्वाश्चर्यमयं देवमनन्तं विश्वतोमुखम् ॥11॥

दिवि सूर्यसहस्रस्य भवेद्‌युगपदुत्थिता ।
यदि भाः सदृशी सा स्याद्भासस्तस्य महात्मनः ॥12॥

तत्रैकस्थं जगत्कृत्स्नं प्रविभक्तमनेकधा ।
अपश्यद्देवदेवस्य शरीरे पाण्डवस्तदा ॥13॥

ततः स विस्मयाविष्टो हृष्टरोमा धनञ्जयः ।
प्रणम्य शिरसा देवं कृताञ्जलिरभाषत ॥14॥

संजय बोले :

अर्जुन से, राजन, यूँ योगेश कह कर।

दिव्य रूप अपना दिखाया प्रगट कर।।

ऐश्वर्यशाली नयन मुख अनेकों - दर्शन अनेक अद्‌भुत आभरण अनेकों।।

अनेकों दिव्य आयुध करों में उठा कर - दिव्य रूप अपना दिखाया प्रगट कर।

माला वशन दिव्य धारण किये हैं - दिव्य गन्ध का तन में लेपन किये हैं।।

विराट रूप, असीम सब ओर मुख कर - दिव्य रूप अपना दिखाया प्रगट कर।

हजारों रवी यदि उदय संग गगन हों - फिर भी कदाचित वे समता में न हो ।।

देवों के देव तन में एकी जगह पर - दिव्य रूप अपना दिखाया प्रगट कर।

पृथक-पृथक चकित जगत, पुलकित बदन से - प्रकाश रूपी, दिव्य रुप देखा नयन से।।

भक्ति सहित हाथ जोड़ बोला नमन कर - दिव्य रूप अपना दिखाया प्रगट कर।

सम्बन्ध : - अर्जुन अब भगवान के विश्वरूप में दिख पड़ने वाले दृश्यों का वर्णन करते हुए उसका स्तवन करते हैं।

पद ४

श्लोक (१५ से ३१ तक)

अर्जुन उवाच।

पश्यामि देवांस्तव देव देहे सर्वांस्तथा भूतविशेषसङ्घान्।
ब्रह्माणमीशं कमलासनस्थ-मृषींश्च सर्वानुरगांश्च दिव्यान् ॥15॥

अनेकबाहूदरवक्त्रनेत्रं

पश्यामि त्वां सर्वतोऽनन्तरूपम्।
नान्तं न मध्यं न पुनस्तवादिं
पश्यामि विश्वेश्वर विश्वरुप ॥16॥

किरीटिनं गदिनं चक्रिणं च
तेजोराशिं सर्वतो दीप्तिमन्तम् ।
पश्यामि त्वां दुर्निरीक्ष्यं समन्ताद्
दीप्तानलार्कद्‌युतिमप्रमेयम् ॥17॥

त्वमक्षरं परमं वेदितव्यं
त्वमस्य विश्वस्य परं निधानम्।
त्वमव्ययः शाश्वतधर्मगोप्ता
सनातनस्त्वं पुरुषो मतो मे ॥18॥

अनादिमधयान्तमनन्तवीर्यमनन्तबाहुं शशिसूर्यनेत्रम् ।
पश्यामि त्वां दीप्तहुताशवक्त्रं स्वतेजसा विश्वमिदं तपन्तम्
॥19॥

द्यावापृथिव्योरिदमन्तरं हि व्याप्तं त्वयैकेन दिशश्च सर्वाः।
दृष्ट्वाद्‌भुतं रूपमुग्रं तवेदं लोकत्रयं प्रव्यथितं महात्मन् ॥20॥

अमी हि त्वां सुरसङ्घा विशन्ति
केचिद्भीताः प्राञ्जलयो गृणन्ति ।
स्वस्तीत्युक्त्वा महर्षिसिद्धसङ्घाः
स्तुवन्ति त्वां स्तुतिभिः पुष्कलाभिः ॥21॥

रुद्रादित्या वसवो ये च साध्या विश्वेऽश्विनौ मरुतश्चोष्मपाश्च ।
गन्धर्वयक्षासुरसिद्धसङ्घा वीक्षन्ते त्वां विस्मिताश्चैव सर्वे ॥22॥
रूपं महत्ते बहुवक्त्रनेत्रं महाबाहो बहुबाहूरुपादम् ।
बहूदरं बहुदंष्ट्राकरालं दृष्ट्वा लोकाः प्रव्यथितास्तथाहम् ॥23॥

नभः स्पृशं दीप्तमनेकवर्णं व्यात्ताननं दीप्तविशालनेत्रम्।
दृष्ट्वा हि त्वां प्रव्यथितान्तरात्मा धृतिं न विन्दामि शमं च विष्णो
॥24॥

दंष्ट्राकरालानि च ते मुखानि दृष्ट्वैव कालानलसन्निभानि ।
दिशो न जाने न लभे च शर्म प्रसीद देवेश जगन्निवास ॥25॥

अमी च त्वां धृतराष्ट्रस्य पुत्राः सर्वे सहैवावनिपालसङ्घैः ।
भीष्मो द्रोणः सूतपुत्रस्तथासौ सहास्मदीयैरपि योधमुख्यैः ॥26॥

वक्त्राणि ते त्वरमाणा विशन्ति दंष्ट्राकरालानि भयानकानि ।
केचिद्विलग्ना दशनान्तरेषु सन्दृश्यन्ते चूर्णितैरुत्तमाङ्गैः ॥27॥

यथा नदीनां बहवोऽम्बुवेगाः समुद्रमेवाभिमुखा द्रवन्ति।
तथा तवामी नरलोकवीरा विशन्ति वक्त्राण्यभिविज्वलन्ति
॥28॥

यथा प्रदीप्तं ज्वलनं पतङ्गा विशन्ति नाशाय समृद्धवेगाः।
तथैव नाशाय विशन्ति लोका-स्तवापि वक्त्राणि समद्धवेगाः
॥29॥

लेलिसे ग्रसमानः समन्ताल्लोकान्समग्रान्वदनैर्ज्वलद्भिः।

तेजोभिरापूर्य जगत्समग्रं भासस्तवोग्राः प्रतपन्ति विष्णो ॥30॥

आख्याहि मे को भवानुग्ररूपो नमोऽस्तु ते देववर प्रसीद।
विज्ञातुमिच्छामि भवन्माद्यं न हि प्रजानामि तव प्रवृत्तिम् ॥31॥

अर्जुन जी बोले :

रूप अलौकिक देख रहा हूँ ।

हे देवों के देव, आप में - सभी देवता देख रहा हूँ।।

अनेक भूत समुदाय तथा - कमलाशित ब्रह्मा देख रहा हूँ।

दिव्य सर्प सम्पूर्ण ऋषिगण - महादेव को देख रहा हूँ।।

भुजा, पेट, मुख नयन अनेक - सब ओर अनन्त निहारि रहा हूँ।

हे विश्वपती, न आदि, मध्य - ना अन्त आप का देख रहा हूँ।

गदा, चक्र व मुकुट युक्त - रवि अनल ज्योति सम देख रहा हूँ।।

जानन योग्य परम अक्षर हो - पुरुष सनातन जान रहा हूँ।

अनादि धर्म के रक्षक, आश्रय - परम, जगत का मान रहा हूँ।।

आदि, अन्त व मध्य रहित - सामर्थ अनन्त निहारि रहा हूँ।

आनन अनल समान प्रज्वलित - भुजा अनेकन देख रहा हूँ।।

निज तेज से जग सन्तप्त करत - आँखें रवि, शशि सम देख रहा हूँ।

सब दिशा स्वर्ग भू, मध्य, का नभ - परिपूर्ण आप से देख रहा हूँ।।

रूप अलौकिक देख भयंकर - व्यथित त्रिलोक निहारि रहा हूँ।

हाथ जोड़ भयभीत नाम गुण - गावत कुछ को देख रहा हूँ।।

कल्याण हो कहि, स्तुति स्त्रोत से - करत सिद्ध जन देख रहा हूँ।

रूद्रादित्य, वशू, विश्वेशिन - मरुद, पितर गण देख रहा हूँ।।

गन्धर्व, राक्षस, यक्ष, सिद्धसव - विस्मित देखत, देख रहा हूँ।

आनन, नयन, हाथ, जंघा बहु - चरण उदर को देख रहा हूँ।।

विकराल रूप दाढ़े अनेक लखि - सब संग व्याकुल होय रहा हूँ।

वर्ण अनेक स्पर्श करत नभ - खुला हुआ मुख देख रहा हूँ।।

नयन विशाल प्रकाशित हैं - देदिप्यमान तोहिं देख रहा हूँ।

हे विष्णु हुआ भयभीत हृदय - ना धीरज शान्ति हो पाय रहा हूँ।।

हे जगन्निवास, ना दिशा ज्ञान - ना सुख कोही मैं पाय रहा हूँ।

धृतराष्ट्र पुत्र सब नृपों सहित - तब आनन प्ररिशत देख रहा हूँ।।

भीष्म, द्रोण व कर्ण तथा - मम पक्ष के मुख्य भी देख रहा हूँ।

सिर चूर्ण हुआ कुछ फँसे हुए - दाँतों के बीच में देख रहा हूँ।।

प्रविशत जलधि, नदी जल जस - तस मुख प्रविशत सब देख रहा हूँ।

जस अनल मोह वस प्रविशि पतंगा - होत नाश तस देख रहा हूँ।।

हे विष्णु लोक सब ग्रास करत - चाढत सब ओर से देख रहा हूँ।

हे देव श्रेष्ट इस उग्र रूप में - कौन आप? ना जान रहा हूँ।।

हे आदि पुरुष जानन चाहूँ - ना प्रवृत्ति आप की जान रहा हूँ

सम्बन्ध : अर्जुन के पूछने पर श्री भगवान अपने उग्र रूप धारण करने का कारण बतलाते हैं।

पद ५

श्लोक (३२ से ३४ तक)

श्रीभगवानुवाच।

कालोऽस्मि लोकक्षयकृत्प्रवृद्धो लोकान्समाहर्तुमिह प्रवृत्तः ।
ऋतेऽपि त्वां न भविष्यन्ति सर्वे येऽवस्थिताः प्रत्यनीकेषु योधाः ॥32॥

तस्मात्त्वमुत्तिष्ठ यशो लभस्व
जित्वा शत्रून्भुङ्क्ष्व राज्यं समृद्धम् ।
मयैवैते निहताः पूर्वमेव
निमित्तमात्रं भव सव्यसाचिन् ॥33॥

द्रोणं च भीष्मं च जयद्रथं च
कर्णं तथान्यानपि योधवीरान् ।
मया हतांस्त्वं जहि मा व्यथिष्ठा
युध्यस्व जेतासि रणे सपत्नान् ॥34॥

श्री भगवान बोले :

लोकों का नाशक महाकाल हूँ मैं।

लोकों के नाश को ही - इस समय प्रवृत हूँ मैं।। लोकों का नाशक महाकाल हूँ मैं।

अत एव प्रति पक्षी सेना के योद्धा - बचेंगे नहीं सब ये तेरे बिना भी।

इससे तू निर्भय हो, होजा निमित्त मात्र - शत्रु जीति राज भोग, ले लो यश लाभ भी।।

मार चुका इन सबको - पहले से हूँ मैं - लोकों का नाशक महाकाल हूँ मैं।

भीष्म, द्रोण, जयद्रथ व कर्णादि कों को - उठ मार मेरे द्वारा मारे हुओं को।।

विजय होगी निश्चय ये कहता हूँ मैं - लोकों का नाशक महाकाल हूँ मैं।

श्लोक ३५

सञ्जय उवाच।

एतच्छ्रुत्वा वचनं केशवस्य कृताञ्जलिर्वेपमानः किरीटी।

नमस्कृत्वा भूय एवाह कृष्णं सगद्गदं भीतभीतः प्रणम्य ॥35॥

संजय बोले :

केशव की वाणी को सुन - भयभीत हाथ को जोरे।

करि प्रणाम गदगद वाणी से - अर्जुन जी तब बोले।।

श्लोक (३६ मे ४६ तक)

अर्जुन उवाच। स्थाने हृषीकेश तव प्रकीर्त्या
जगत्प्रहृष्यत्यनुरज्यते च ।
रक्षांसि भीतानि दिशो द्रवन्ति सर्वे नमस्यन्ति च
सिद्धसङ्घाः ॥36॥

कस्माच्च ते न नमेरन्महात्मन् गरीयसे ब्रह्मणोऽप्यादिकत्रे
अनन्त देवेश जगन्निवास त्वमक्षरं सदसत्तत्परं यत् ॥37॥

त्वमादिदेवः पुरुषः पुराण स्त्वमस्य विश्वस्य परं निधानम्।
वेत्तासि वेद्यं च परं च धाम त्वया ततं विश्वमनन्तरूप ॥38॥

वायुर्यमोऽग्निर्वरुणः शशाङ्कः प्रजापतिस्त्वं प्रपितामहश्च।
नमो नमस्तेऽस्तु सहस्त्रकृत्वः पुनश्च भूयोऽपि नमो नमस्ते
॥39॥

नमः पुरस्तादथ पृष्ठतस्ते नमोऽस्तु ते सर्वत एव सर्व
अनंतवीर्यामितविक्रमस्त्वं सर्वं समाजोषि ततोऽसि सर्वः ॥40॥

सखेति मत्वा प्रसभं यदुक्तं हे कृष्ण हे यादव हे सखेति।
अजानता महिमानं तवेदं मया प्रमादात्प्रणयेन वापि ॥41॥

यच्चावहासार्थमसत्कृतोऽसि विहारशय्यासनभोजनेषु
एकोऽथवाप्यच्युत तत्समक्षं तत्क्षामये त्वामहमप्रमेयम् ॥42॥

पितासि लोकस्य चराचरस्य त्वमस्य पूज्यश्च गुरुर्गरीयान्।
न त्वत्समोऽस्त्यभ्यधिकः कुतोऽन्यो लोकत्रयेऽप्यप्रतिमप्रभाव
॥43॥

तस्मात्प्रणम्य प्रणिधाय कायं प्रसादये त्वामहमीशमीड्यम् ।
पितेव पुत्रस्य सखेव सख्युः प्रियः प्रियायार्हसि देव सोढुम् ॥44॥

अदृष्टपूर्वं हृषितोऽस्मि दृष्ट्वा भयेन च प्रव्यथितं मनो मे ।
तदेव मे दर्शय देवरुपं प्रसीद देवेश जगन्निवास ॥45॥

किरीटिनं गदिनं चक्रहस्त-मिच्छामि त्वां द्रष्टुमहं तथैव।
तेनैव रूपेण चतुर्भुजेन सहस्रबाहो भव विश्वमूर्ते ॥46॥

अर्जुन जी बोले :

हे देव देवेश, हे अंतर्यामी - कीर्तन तुम्हारा जगत कर रहा है।।

प्रभाव नाम गुण गाई - अनुराग को पाई - अतिशय हरष में मगन हो रहा है।।

भयभीत राक्षस है भगते दिशन में - लगा सिद्ध समुदाय तेरे नमन में।

हे जगन्निवास कैसे नमन ना करे वो - हो ब्रह्मा के कर्ता भी सबसे बड़े जो।।

हे अनन्त आदि देव यह योग्य ही है - कि जो हो रहा है सही हो रहा है।

कीर्तन तुम्हारा जगत कर रहा है।।

है सत व असत एवं उससे परे जो - वो ब्रह्म सच्चिदानन्द घन आप ही हो।।

सनातन पुरुष जग के आश्रय परम हो - जानने के योग्य तथा जानते तुम्हीं हो।।

अनन्त रूप परम धाम हैं आप क्योंकि - परिपूर्ण जग आप से हो रहा है।

कीर्तन तुम्हारा जगत कर रहा है।।

अग्नि, वरुण, वायु, यम, चन्द्रमाँ हो - प्रजापति ब्रह्मा व उनके पिता हो।।

आप को हजारों बार-बार नमस्कार हो - अग्र पृष्ट सभी ओर तुझे नमस्कार हो।।

पराक्रमी अनन्त व्याप्त जग है किया तू - सब रूप इससे तुहीं हो रहा है।।

कीर्तन तुम्हारा जगत कर रहा है।।

सखा आप को मानि, तब प्रभाव नाहिं जानि - सखा, कृष्ण, यादव हठात जो कहे हैं।।

विहार सैयाशन में, विनोद भोजनादि में - अकेले या सखादि में अवमान जो किये हैं।।

उसके क्षमा हेतु प्रथापुत्र पारथ - हे अच्युत तुम्हे यह नमन कर रहा है।।

कीर्तन तुम्हारा जगत कर रहा है।।

अनुपम प्रभाव वाले, चराचर जगत के पिता - सबसे बड़े गुरू व अति पूजनीय हैं।।

आपके समान ना त्रिलोक में है अन्य कोई - अधिक का तो कहना ही अकल्पनीय है।।

स्तुति के योग्य प्रभो, करि प्रणाम भली-भाँति- ये अर्पित चरण में बदन कर रहा है।।

कीर्तन तुम्हारा जगत कर रहा है।।

सखा-सखा, पिता-पुत्र, पति प्रियतमा का - अपराध क्षमा देव करता है जैसे।।

हो क्षमा करने योग्य, अपराध मेरे द्वारा हुआ - कर हो अपराध मेरा क्षमा नाथ वैसे।।

आश्चर्यमय रूप, अलौकिक देखि हर्ष होत - भय से भी मन अति व्यथित हो रहा है।।

कीर्तन तुम्हारा जगत कर रहा है।।

हे जगन्निवास इससे, विष्णु रूप चतुर्भुजी - होईये प्रसन्न आप अपना दिखाइये।।

शीश पर किरीट सजा, हाथ लिये चक्र, गदा - हे सहस्त्रबाहु रूप वहीं प्रगटाये।।

हे विश्वरूप सोई, सौम्य रूप दर्शन - करने को अब मेरा मन हो रहा है।।

कीर्तन तुम्हारा जगत कर रहा है।।

सम्बन्ध : अर्जुन की प्रार्थना पर श्री भगवान विश्वरूप की महिमा और दुर्लभता का वर्णन करते हुए चतुर्भुज रूप देखने को कहते हैं।

पद ७

श्लोक (४७ से ४९ तक)

श्रीभगवानुवाच।

मया प्रसन्नेन तवार्जुनेदं रूपं परं दर्शितमात्मयोगात्।
तेजोमयं विश्वमनन्तमाद्यं यन्मे त्वदन्येन न दृष्टपूर्वम् ॥47॥

न वेदयज्ञाध्ययनैर्न दानै-नच क्रियाभिर्न तपोभिरुग्रैः ।
एवंरूपः शक्य अहं नृलोके द्रष्टुं त्वदन्येन कुरुप्रवीर ॥48॥

मा ते व्यथा मा च विमूढभावो दृष्ट्वा रूपं घोरमीदृङ्ममेदम् ।
व्यपेतभीः प्रीतमनाः पुनस्त्वं तदेव मे रूपमिदं प्रपश्य ॥49॥

श्री भगवान बोले :

ये विश्वरूप दर्शन है दुर्लभ कहाया। तुझे कर अनुग्रह जो मैंने दिखाया।।

परम तेजो मय आदि, सबका असीमित - विराट रूप योग शक्ति द्वारा विनिर्मित।।

तेरे सिवा अन्य दर्श अब तक न पाया।

ये विश्वरूप दर्शन है दुर्लभ कहाया। तुझे कर अनुग्रह जो मैंने दिखाया।।

यज्ञ, वेद अध्ययन, न दान तप क्रियाओं से - ना शक्य तेरे सिवा, दर्श ना दूसरों से।।

न ऐसा दर्श नर लोक में कोई पाया।

ये विश्वरूप दर्शन है दुर्लभ कहाया। तुझे कर अनुग्रह जो मैंने दिखाया।।

विकराल रूप दृश्य जनित, व्यथा भय को हारी - शंख, चक्र, गदा, पद्म चार भुजाधारी।।

प्रीति सहित देख जिसकी इच्छा जताया।

ये विश्वरूप दर्शन है दुर्लभ कहाया। तुझे कर अनुग्रह जो मैंने दिखाया।।

श्लोक ५०

सञ्जय उवाच।

इत्यर्जुनं वासुदेवस्तथोक्तवा स्वकं रूपं दर्शयामास भूयः ।
आश्वासयामास च भीतमेनं भूत्वा पुनः सौम्यवपुर्महात्मा ॥50॥

संजय बोले :

अर्जुन से यूँ वासुदेव कहि - विष्णु रूप प्रगटाये।

हो सौम्य रूप फिर श्री कृष्ण - अर्जुन को धीर धराये।।

श्लोक ५१

अर्जुन उवाच।

दृष्ट्वेदं मानुषं रूपं तव सौम्यं जनार्दन ।
इदानीमस्मि संवृत्तः सचेताः प्रकृतिं गतः ॥51॥

अर्जुन जी बोले :

आप को अतिशान्त इस मनुष्य रूप में देखि - हे अच्युत, मैं स्थिरचित अब हो गया हूँ।

स्वाभाविक स्थिति को मैं प्राप्त अपनी - हे देव देवेश, मैं हो गया हूँ।।

पद ८

श्लोक (५२ से ५५ तक)

श्रीभगवानउवाच।

सुदुर्दर्शमिदं रूपं दृष्टवानसि यन्मम ।
देवा अप्यस्य रूपस्य नित्यं दर्शनकाङ्.क्षिणः ॥52॥

नाहं वेदैर्न तपसा न दानेन न चेज्यया ।
शक्य एवंविधो द्रष्टुं दृष्टवानसि मां यथा ॥53॥

भक्त्या त्वनन्यया शक्य अहमेवंविधोऽर्जुन ।
ज्ञातुं द्रष्टुं च तत्त्वेन प्रवेष्टुं च परन्तप ॥54॥

मत्कर्मकृन्मत्परमो मद्भक्तः सङ्गवर्जितः ।

निर्वैरः सर्वभूतेषु यः स मामेति पाण्डव ॥55॥

श्री भगवान बोले :

चतुर्भुजी रूप मेरा देखा अभी जो,

है अत्यन्त दुर्लभ ये दर्शन सभी को।।

न वेद यज्ञ द्वारा न दान व तपों से - यूँ शक्य देख पाना जो देखा दृगों से।।

देवता भी आकांक्षी रहते तभी तो - है अत्यन्त दुर्लभ ये दर्शन सभी को।।

परन्तम मगर तत्वतः जानने को - मुझमें प्रवेशने व प्रत्यक्ष देखने को।।

अनन्य भक्ति शक्य है न अन्यथा किसी को - है अत्यन्त दुर्लभ ये दर्शन सभी को।।

जो मेरे लिये कर्तव्य कर्मों को करता - मेरा भक्त मेरे परायण है रहता।।

अनासक्त निर्बैर जीवों में रखता - अनन्य भक्ति युक्त पुरुष पाता है हमको,

है अत्यन्त दुर्लभ ये दर्शन सभी को।।

अध्याय १२

श्लोक १

भक्ति योग

अर्जुन उवाच।
एवं सततयुक्ता ये भक्तास्त्वां पर्युपासते।
ये चाप्यक्षरमव्यक्तं तेषां के योगवित्तमाः ॥1॥

अर्जुन जी बोले :

अनन्य भक्त पुर्वोक्त तरह से - सगुण रूप चितधारत जो है।

अति श्रेष्ठ भाव से अन्य अविनाशी - निराकार आराधत जो है।।

उभय उपासक में अति उत्तम - हे हरि, हमहि बतावहु को है।

श्लोक (२ से ५ तक)

श्रीभगवानुवाच।
मय्यावेश्य मनो ये मां नित्ययुक्ता उपासते ।
श्रद्धया परयोपेतास्ते मे युक्ततमा मताः ॥2॥

ये त्वक्षरमनिर्देश्यमव्यक्तं पर्युपासते ।
सर्वत्रगमचिन्त्यञ्च कूटस्थमचलन्ध्रुवम् ॥3॥

सन्नियम्येन्द्रियग्रामं सर्वत्र समबुद्धयः ।
ते प्राप्नुवन्ति मामेव सर्वभूतहिते रताः ॥4॥

क्लेशोऽधिकतरस्तेषामव्यक्तासक्तचेतसाम् ।
अव्यक्ता हि गतिर्दुःखं देहवद्भिरवाप्यते ॥5॥

श्री भगवान बोले :

करि एकाग्र मन अति श्रद्धा से - भजत सगुण परमेश्वर जो है।

भजन ध्यान में लगा मान्य मोहिं - योनिन में अति उत्तम वो है।।

मोहि सम्पूर्ण कर्म करि अर्पित - सगुण रूप चित धारत जो है।

भव सिन्धु तराता शीघ्र उसे - मैं ऐसा प्रेमी भक्त जो है।।

अकथनीय नित निराकार वह - ब्रह्म सच्चिदानंद घन जो है।

मन व बुद्धि परे अविनाशी - ब्रह्म सच्चिदानंद घन जो है।।

भली-भाँति इन्द्रिय मन वश करि - ध्यान निरन्तर धरत जो है।

सकल भूत हित में रत योगी - वह भी पावत मोहिं को है।।

निराकार आसक्त चित्त जो - श्रम विशेष ओहि साधक को है।

देहभिमानित से अव्यक्त गति - प्राप्त होति दुःख पूर्वक जो है।।

सगुण सकार सुगम साधन में - इससे उत्तम अर्जुन वो है।।

सम्बन्ध : अब श्री भगवान सगुण परमेश्वर की उपासना से शीघ्र और अनायास प्राप्ति होने की बात कहते है।

पद २

श्लोक (६ से १२ तक)

ये तु सर्वाणि कर्माणि मयि संन्यस्य मत्परः।
अनन्येनैव योगेन मां ध्यायन्त उपासते ॥6॥

तेषामहं समुद्धर्ता मृत्युसंसारसागरात्।
भवामि नचिरात्पार्थ मय्यावेशितचेतसाम् ॥7॥

मय्येव मन आधत्स्व मयि बुद्धिं निवेशय ।
निवसिष्यसि मय्येव अत ऊर्ध्वं न संशयः ॥8॥

अथ चित्तं समाधातुं न शक्नोषि मयि स्थिरम् ।
अभ्यासयोगेन ततो मामिच्छाप्तुं धनञ्जय ॥9॥

अभ्यासेऽप्यसमर्थोऽसि मत्कर्मपरमो भव ।।
मदर्थमपि कर्माणि कुर्वन्सिद्धिमवाप्स्यसि ॥10॥

अथैतदप्यशक्तोऽसि कर्तुं मद्योगमाश्रितः ।
सर्वकर्मफलत्यागं ततः कुरु यतात्मवान् ॥11॥

श्रेयो हि ज्ञानमभ्यासाज्ज्ञानाद्ध्यानं विशिष्यते ।
ध्यानात्कर्मफलत्यागस्त्यागाच्छान्तिरनन्तरम् ॥12॥

श्री भगवान बोले :

संशय रहित से साधक पावत।

श्रद्धा सहित एकाग्र चित्त करि - नित्य जो मन बुद्धि हमहिं लगावत।

जो असमर्थ एकाग्र चित्त में - तो अभ्यास योग अपनावत।।

जो न सधे अभ्यास योग तो - सकल कर्म मम हेतु करावत।

करि न सके मम हेतु कर्म तो - सकल कर्म फल त्याग लखावत।।

श्रेष्ट ज्ञान बिनु मर्म अभ्यास से - ज्ञान से ध्यान स्वरूप बतावत।

ध्यान से श्रेष्ठ है त्याग करम फल - त्याग शान्ति तत्काल दिलावत।।

सम्बन्ध : अब श्री भगवान भगवत्प्राप्त ज्ञानी भक्तों के लक्षण बतलाते हैं।

पद २

श्लोक (१३ से २० तक)

अद्वेष्टा सर्वभूतानां मैत्रः करुण एव च ।
निर्ममो निरहङ्कारः समदुःखसुखः क्षमी ॥13॥

संतुष्टः सततं योगी यतात्मा दृढनिश्चयः ।
मय्यर्पितमनोबुद्धिर्यो मद्भक्तः स मे प्रियः ॥14॥

यस्मान्नोद्विजते लोको लोकानोद्विजते च यः ।
हर्षामर्षभयोद्वेगैर्मुक्तो यः स च मे प्रियः ॥15॥

अनपेक्षः शुचिर्दक्ष उदासीनो गतव्यथः ।

सर्वारम्भपरित्यागी यो मद्भक्तः स मे प्रियः ॥16॥

यो न हृष्यति न द्वेष्टि न शोचति न काङ्क्षति ।
शुभाशुभपरित्यागी भक्तिमान्यः स मे प्रियः ॥17॥

समः शत्रौ च मित्रे च तथा मानापमानयोः ।
शीतोष्णसुखदुःखेषु समः सङ्गविवर्जितः ॥18॥

तुल्यनिन्दास्तुतिमौनी सन्तुष्टो येन केनचित् ।
अनिकेतः स्थिरमतिर्भक्तिमान्मे प्रियो नरः ॥19॥

ये तु धामृतमिदं यथोक्तं पर्युपासते ।
श्रद्दधाना मत्परमा भक्तास्तेऽतीव मे प्रियाः ॥20॥

श्री भगवान बोले :

लक्षण ज्ञानी सिद्ध जनन में।

द्वेष, स्वार्थ ममता विहीन अरू - हेतु रहित दयाल सब जन में।।

अहं हीन वश में मन इन्द्रिय - रहत सदा सम सुखन - दुःखन में।

क्षमावान, सन्तुष्ट निरन्तर - द्दढ़ निश्चय राखत भगवन में।।

मोहिं अर्पित मन, बुद्धि वाला वह योगी - प्रिय लागत भक्तन में।

हर्ष, अमर्ष, भय क्षोभ हीन अरू - चाह रहित पक्षपात न मन में।।

अनिकेती, सम शत्रु मित्र में - रखत भाव सम अप्रिय - प्रीयन में।

चतुर शुद्ध सब आरम्भ त्यागी - प्रिय लागत मोहिं भक्त जनन में।।

निर्द्वन्दता, शान्ति, समता गुण - सदा रहत सब सिद्ध जनन में।

अति प्रिय वह यह सुधा धर्ममय - लगन सहित जो लगा चखन में।।

सम्बन्ध : पिछले अध्याय में निर्गुण निराकार के तत्व, महिमा और उसकी प्राप्ति के साधनों का विस्तार पूर्वक वर्णन नहीं किया गया, अतः श्री भगवान ज्ञान योग का विषय समझाने के लिए तेरहवे अध्याय को आरम्भ करते हैं।

अध्याय १३

पद १

श्लोक (१ से ७ तक)

क्षेत्र क्षेत्रज्ञ - विभाग योग

श्रीभगवानुवाच।
इदं शरीरं कौन्तेय क्षेत्रमित्यभिधीयते।
एतद्यो वेत्ति तं प्राहुः क्षेत्रज्ञ इति तद्विदः ॥2॥

क्षेत्रज्ञं चापि मां विद्धि सर्वक्षेत्रेषु भारत।
क्षेत्रक्षेत्रज्ञयोर्ज्ञानं यत्तज्ज्ञानं मतं मम ॥3॥

तत्क्षेत्रं यच्च यादृक्च यद्विकारि यतश्च यत्।
स च यो यत्प्रभावश्च तत्समासेन मे शृणु ॥4॥

ऋषिभिर्बहुधा गीतं छन्दोभिर्विविधैः पृथक् ।
ब्रह्मसूत्रपदैश्चैव हेतुमद्भिर्विनिश्चितैः ॥5॥

महाभूतान्यहङ्कारो बुद्धिरव्यक्त मेव च ।
इन्द्रियाणि दशैकं च पञ्च चेन्द्रियगोचराः ॥6॥

इच्छा द्वेषः सुखं दुःखं सङ्घातश्चेतना धृतिः ।

एतत्क्षेत्रं समासेन सविकारमुदाहृतम् ॥7॥

श्री भगवान बोले :

यह शरीर ही क्षेत्र है इसका - जो ज्ञाता क्षेत्रज्ञ वही है।

सब क्षेत्रो में, क्षेत्रज्ञ मुझे ही - जान पार्थ यह बात सही है।।

पुरुष व प्रकृति विकार ज्ञान जो - ज्ञान वही मत मोर यही है।

क्षेत्र जो जैसा जिस विकार का - जिस कारण जो उत्पत्ति भयी है।।

पुरुष भी जो जिस प्रभाव वाला - सुन समास में बात यही है।

वेदमन्त्र, ऋषि, ब्रह्म सूत्र पद - निश्चय करि भलि-भाँति कही है।।

पंचभूत, इन्द्रिय एकादश - तन्मात्रायें पाँच कही हैं।

सुख-दुःख, इच्छा, द्वेष, चेतना - धृति अरु बुद्धि लयी है।।

अहंकार, संधात क्षेत्र ये - तत्व विकार के साथ यही है।

कर्मेन्द्रिय मन से प्रेरित हो - कर्ता कर्म हुई हैं।।

ज्ञानेन्दि पदार्थ ज्ञान का - साधन मात्र हुई हैं।

शब्द, रूप, स्पर्श, गन्ध, रस - परिचय मात्र यही है।।

पर पदार्थ का स्वरूप सच्चा - इन्द्रिय गण्य नहीं है।

मन, बुद्धि, अहंकार, चेतना - गुण ये क्षेत्र जयी हैं।।

सुख-दुःख, इच्छा, द्वेष, द्वन्द को - मन की वृति दयी है।

संघात सब तत्व समुच्चय - धृति सब धारण शक्ति कही है।।

इन सब का संचालक ज्ञाता - जो अर्जुन क्षेत्रज्ञ वहीं हैं।

सम्बन्ध : ऊपर श्री भगवान ने क्षेत्र और क्षेत्रज्ञ के ज्ञान को ही ज्ञान कहा। अब श्री भगवान उस ज्ञान को प्राप्त करने के साधनों को "ज्ञान" के ही नाम से वर्णन करते हैं।

पद २

श्लोक (८ से १२ तक)

अमानित्वमदम्भित्वमहिंसा क्षान्तिरार्जवम् ।
आचार्योपासनं शौचं स्थैर्यमात्मविनिग्रहः ॥8॥

इन्द्रियार्थेषु वैराग्यमनहङ्कार एव च ।
जन्ममृत्युजराव्याधिदुःखदोषानुदर्शनम् ॥9॥

असक्तिरनभिष्वङ्गः पुत्रदारगृहादिषु ।
नित्यं च समचित्तत्वमिष्टानिष्टोपपत्तिषु ॥10॥

मयि चानन्ययोगेन भक्तिरव्यभिचारिणी ।
विविक्तदेशसेवित्वमरतिर्जनसंसदि ॥11॥

अध्यात्मज्ञाननित्यत्वं तत्त्वज्ञानार्थदर्शनम् ।
एतज्ज्ञानमिति प्रोक्तमज्ञानं यदतोऽन्यथा ॥12॥

श्री भगवान बोले :

ज्ञान जो ज्ञेय को ज्ञात करावत।

जेहि साधन से ज्ञात होत वह - सोई साधन कहि ज्ञान गिनावत।।

दम्भ, अभिमान, अभाव, अहिंसा - बाहर-भीतर शुद्धि बतावत।

क्षमावान, मन वाणिं सरलता - स्थिर अंतःकरण करावत।।

श्रद्धा-भक्ति सहित गुरु सेवा - अहंकार आसक्ति दुरावत।

जन्म-मृत्यु अरु जरा रोग दुःख - बार-बार मन माहिं लियावत।।

घर, धन, नारि, पुत्र आसक्ति - त्यागि प्रिया प्रिय सम चितलावत।

अव्यभिचारि, भक्ति परमेश्वर - शुद्ध एकान्त देश अपनावत।।

विषयी पुरुष संग नहिं भावत - तत्वज्ञान चित नित्य लगावत।

ज्ञान कहे इन साधन को - अर्जुन अज्ञान विलोम कहावत।।

सम्बन्ध : उपर्युक्त, ज्ञान से जानने योग्य वस्तु क्या है और उसे जान लेने से क्या होता है, इस पर श्री भगवान कहते हैं -

पद ३

श्लोक (१२ से १९ तक)

ज्ञेयं यत्तत्प्रवक्ष्यामि यज्ज्ञात्वामृतमश्नुते ।
अनादिमत्परं ब्रह्म न सत्तन्नासदुच्यते ॥13॥

सर्वतःपाणिपादं तत्सर्वतोऽक्षिशिरोमुखम् ।
सर्वतःश्रुतिमल्लोके सर्वमावृत्य तिष्ठति ॥14॥

सर्वेन्द्रियगुणाभासं सर्वेन्द्रियविवर्जितम्।
असक्तं सर्वभृच्चैव निर्गुणं गुणभोक्तृ च ॥15॥

बहिरन्तश्च भूतानामचरं चरमेव च।
सूक्ष्मत्वात्तदविज्ञेयं दूरस्थं चान्तिके च तत् ॥16॥

अविभक्तं च भूतेषु विभक्तमिव च स्थितम्।
भूतभर्तृ च तज्ज्ञेयं ग्रसिष्णु प्रभविष्णु च ॥17॥

ज्योतिषामपि तज्ज्योतिस्तमसः परमुच्यते ।
ज्ञानं ज्ञेयं ज्ञानगम्यं हृदि सर्वस्य विष्ठितम् ॥18॥

इति क्षेत्रं तथा ज्ञानं ज्ञेयं चोक्तं समासतः ।
मद्भक्त एतद्विज्ञाय मद्भावायोपपद्यते ॥19॥

श्री भगवान बोले :

ब्रह्म जो ज्ञेय न सत न असत है।

शिर, मुख, हाथ, चरण सब ओरी - श्रवण, नयन सब और रजत है।।

इन्द्रिय रहित विषय रस ज्ञाता - निर्गुण हो गुण भोग करत है।

अनाशक्त सब धारत पोषत - व्यापि सकल जग थिर जो रहत है।।

सकल चराचर बाहर-भीतर - दूर और नजदीक बसत है।

रहित विभाग व्योम सम लेकिन - भिन्न-भिन्न दरसायि परत है।।

है अत्यन्त सूक्ष्म ये हि कारण - नयनन नाहिं लखाई परत है।

विष्णु रुप धरि भूतन पोषत - रूद्र रूप संघार करत है।।

वनि ब्रह्मा जग को जन्मावत - जोतिन में निज ज्योति भरत है।

जानन योग जो बोध स्वरूप है - सो सबके हिय माहिं बसत है।।

अर्जुन जानि तत्वत: ये हि विधि - भक्त परम पद प्राप्त करत है।

ब्रह्म जो ज्ञेय न सत न असत है।।

सम्बन्ध : क्षेत्र के स्वभाव और किस कारण से कौन कार्य उत्पन्न होता है तथा क्षेत्रज्ञ के स्वरूप का भी वर्णन नहीं हुआ अंतः श्री भगवान प्रकृति और पुरुष के नाम से प्रकरण आरम्भ करते हैं।

पद ४

श्लोक (२० से २६ तक)

प्रकृतिं पुरुषं चैव विद्ध्यनादी उभावपि ।
विकारांश्च गुणांश्चैव विद्धि प्रकृतिसम्भवान् ॥20॥

कार्यकारणकर्तृत्वे हेतुः प्रकृतिरुच्यते।
पुरुषः सुखदुःखानां भोक्तृत्वे हेतुरुच्यते ॥21॥

पुरुषः प्रकृतिस्थो हि भुङ्क्ते प्रकृतिजान्गुणान्।
कारणं गुणसङ्गोऽस्य सदसद्योनिजन्मसु ॥22॥

उपद्रष्टानुमन्ता च भर्ता भोक्ता महेश्वरः ।
परमात्मेति चाप्युक्तो देहेऽस्मिन्पुरुषः परः ॥23॥

य एवं वेत्ति पुरुष प्रकृतिं च गुणैः सह ।
सर्वथा वर्तमानोऽपि न स भूयोऽभिजायते ॥24॥

ध्यानेनात्मनि पश्यन्ति केचिदात्मानमात्मना ।
अन्ये साङ्ख्येन योगेन कर्मयोगेन चापरे ॥25॥

अन्ये त्वेवमजानन्तः श्रुत्वान्येभ्य उपासते ।
तेऽपि चातितरन्त्येव मृत्युं श्रुतिपरायणाः ॥26॥

श्री भगवान बोले :

प्रकृति व पुरुष हैं उभय अनादि।

त्रिगुणात्मक पदार्थ सम्पूर्ण जो - तथा विकार राग-द्वेषादि।।

प्रकृति से उत्पन्न जान धनन्जय - कार्य व करण भी प्रकृति जनाती।

सुखों-दुःखों के भोक्तापन में - जीवात्मा है हेतु कहाती।।

प्रकृति व पुरुष हैं उभय अनादि।

त्रिगुणात्म पदार्थ का भोक्ता - प्रकृतिस्थ पुरुष ही होता है।।

ऊँच-नीच योनिनि में जन्म - गुण संग के कारण होता है।

वास्तव में यह आत्मा ही है - परमात्मा यह भेद बताती।।

प्रकृति व पुरुष हैं उभय अनादि।।

यथार्थ सम्मति से अनुमन्ता - साझी से उपद्रष्टा है वह।

धारक पोषक से भर्ता है - जीव रूप से भोक्ता है वह।।

परमात्मा है वह होने से - शुद्ध सच्चिदानन्द घनादि।

प्रकृति व पुरुष हैं उभय अनादि।।

ब्रह्मादि का स्वामी होने से - वह माहेश्वर कहलाता है।

इस प्रकार गुण सहित प्रकृति व - पुरुष का जो कि ज्ञाता है।।

करके सम्पूर्ण कर्म कर्तव्य भी - पुनर्जन्म से मुक्त करा दी।।

प्रकृति व पुरुष हैं उभय अनादि।।

कुछ शुद्ध बुद्धि से ध्यान के द्वारा - हृदय में उसे निरखते हैं।

अन्य ज्ञान योग से तो कुछ - कर्म योग से लखते हैं।।

मन्द बुद्धि जो श्रुति परायण - उसे भी निश्चय पार्थ तरादी।

प्रकृति व पुरुष हैं उभय अनादि।।

सम्बन्ध : अब श्री भगवान क्षेत्र को उत्पत्ति विनाशशील बतला कर उसके स्वभाव का वर्णन करते हुए आत्मा के यथार्थ तत्व को जानने वाले की प्रशंसा करते हैं।।

पद ५

श्लोक (२७ से ३१ तक)

यावत्सञ्जायते किञ्चित्सत्त्वं स्थावरजङ्गमम् ।
क्षेत्रक्षेत्रज्ञसंयोगात्तद्विद्धि भरतर्षभ ॥27॥

समं सर्वेषु भूतेषु तिष्ठन्तं परमेश्वरम् ।
विनश्यत्स्वविनश्यन्तं यः पश्यति स पश्यति ॥28॥

समं पश्यन्हि सर्वत्र समवस्थितमीश्वरम् ।
न हिनस्त्यात्मनात्मानं ततो याति परां गतम् ॥29॥

प्रकृत्यैव च कर्माणि क्रियमाणानि सर्वशः ।
यः पश्यति तथात्मानकर्तारं स पश्यति ॥30॥

यदा भूतपृथग्भावमेकस्थमनुपश्यति।
तत एव च विस्तारं ब्रह्म सम्पद्यते तदा ॥31॥

श्री भगवान बोले-

स्थावर जंगम में भारत जो भी जीव जन्मते हैं।

वे क्षेत्र और क्षेत्रज्ञ उभय संयोग से ही हो सकते हैं।।

सभी भूत में परमेश्वर - समभाव से स्थित रहते हैं।

जो पुरुष जानते इस प्रकार हैं - वे यथार्थ को लखते हैं।।

जो जान के सब में सम परमेश्वर - आत्महनन नहिं करते हैं।

सब में सम लखने से पार्थ - वे प्राप्त परम पद करते हैं।।

सम्पूर्ण कर्म जो सब प्रकार से - प्रकृति से होते लखते हैं।

तथा अकर्ता आत्म तत्व को - वे यथार्थ को लखते हैं।।

भिन्न-भिन्न भूतों का भाव जो - जिस क्षण प्रभु में लखते हैं।

विस्तार भी सबका जान उसी से - प्राप्त ब्रह्म को करते हैं।।

सम्बन्ध : अब श्री भगवान आत्मा के एकत्व दर्शन का फल बतलाते हैं।

पद ६

श्लोक (३२ से ३४ तक)

अनादित्वान्निर्गुणत्वात्परमात्मायमव्ययः ।
शरीरस्थोऽपि कौन्तेय न करोति न लिप्यते ॥32॥

यथा सर्वगतं सौक्ष्म्यादाकाशं नोपलिप्यते ।
सर्वत्रावस्थितो देहे तथात्मा नोपलिप्यते ॥33॥

यथा प्रकाशयत्येकः कृत्स्नं लोकमिमं रविः।
क्षेत्रं क्षेत्री तथा कृत्स्नं प्रकाशयति भारत ॥34॥

श्री भगवान बोले :

हे कुन्ती तनय अब मैं जो हूँ सुनाता।

तुझे प्रभाव क्षेत्रज्ञ का हूँ बताता।।

अनादि, अविनाशी व होने से निर्गुण - न करता है वह कुछ नहीं है लिपाता।।

तुझे प्रभाव क्षेत्रज्ञ का हूँ बताता।।

सर्वव्यापी सूक्ष्म गगन होने से जैसे - न लिपता है देहों में देही भी वैसे।।

होने से निर्गुण न गुण से लिपाता - तुझे प्रभाव क्षेत्रज्ञ का हूँ बताता।।

एकी सूर्य सम्पूर्ण ब्रह्माण्ड जैसे - प्रकाशित है करता, ये आत्मा भी वैसे।।

सम्पूर्ण क्षेत्र को है एकी चलाता - तुझे प्रभाव क्षेत्रज्ञ का हूँ बताता।।

यह भेद क्षेत्र क्षेत्री का ज्ञान नयन से जो - है कार्य सहित प्रकृति मुक्ती को जानता जो।।

वो परम ब्रह्म परमात्मा को है पाता - तुझे प्रभाव क्षेत्रज्ञ का हूँ बताता।।

अध्याय १४

पद १

श्लोक (१ से २ तक)

गुण तप विभाग योग

श्रीभगवानुवाच।

परं भूयः प्रवक्ष्यामि ज्ञानानां ज्ञानमुत्तमम्।
यज्ज्ञात्वा मुनयः सर्वे परां सिद्धिमितो गताः ॥1॥

इदं ज्ञानमुपाश्रित्य मम साधर्म्यमागताः।
सर्गेऽपि नोपजायन्ते प्रलये न व्यथन्ति च॥2॥

श्री भगवान बोले :

ज्ञानों में अति उत्तम तुझको - परम ज्ञान बतलाता हूँ।

जिसे जान मुनि जन सिधि पाये - उसको पुनः सुनाता हूँ।।

आश्रय करि जिसका, स्वरूप मम - प्राप्त पुरुष जो करते हैं।

प्रलय काल में व्यथित न होते - आदि में नहीं जन्मते हैं।।

सम्बन्ध : भगवान अब उस ज्ञान का वर्णन करते हैं।

पद २

श्लोक (३ से २० तक)

मम योनिर्महद ब्रह्म तस्मिन्गर्भं दधाम्यहम् ।
सम्भवः सर्वभूतानां ततो भवति भारत ॥3॥

सर्वयोनिषु कौन्तेय मूर्तयः सम्भवन्ति याः ।
तासां ब्रह्म महद्योनिरहं बीजप्रदः पिता ॥4॥

सत्त्वं रजस्तम इति गुणाः प्रकृतिसम्भवाः।
निबध्नन्ति महाबाहो देहे देहिनमव्ययम् ॥ 5॥

तत्र सत्त्वं निर्मलत्वात्प्रकाशकमनामयम् ।
सुखसङ्गेन बध्नाति ज्ञानसक्रेन चानघ ॥6॥

रजो रागात्मकं विद्धि तृष्णासङ्गसमुद्भवम्।
तन्निबध्नाति कौन्तेय कर्मसङ्गेन देहिनम् ॥7॥

तमस्त्वज्ञानजं विद्धि मोहनं सर्वदेहिनाम् ।
प्रमादालस्यनिद्राभिस्तन्निबध्नाति भारत ॥8॥

सत्त्वं सुखे सञ्जयति रजः कर्मणि भारत ।
ज्ञानमावृत्य तु तमः प्रमादे सञ्जयत्युत ॥9॥

रजस्तमश्चाभिभूय सत्त्वं भवति भारत ।
रजः सत्त्वं तमश्चैव तमः सत्त्वं रजस्तथा ॥10॥

सर्वद्वारेषु देहेऽस्मिन्प्रकाश उपजायते ।

ज्ञानं यदा तदा विद्याद्विवृद्धं सत्त्वमित्युत ॥11॥

लोभः प्रवृत्तिरारम्भः कर्मणामशमः स्पृहा ।
रजस्येतानि जायन्ते विवृद्धे भरतर्षभ ॥12॥

अप्रकाशोऽप्रवृत्तिश्च प्रमादो मोह एव च ।
तमस्येतानि जायन्ते विवृद्धे कुरुनन्दन ॥13॥

यदा सत्वे प्रवृद्धे तु प्रलयं याति देहभृत् ।
तदोत्तमविदां लोकानमलान्प्रतिपद्यते ॥14॥

रजसि प्रलयं गत्वा कर्मसङ्गिषु जायते ।
तथा प्रलीनस्तमसि मूढयोनिषु जायते ॥15॥

कर्मणः सुकृतस्याहुः सात्त्विकं निर्मलं फलम् ।
रजसस्तु फलं दुःखमज्ञानं तमसः फलम् ॥16॥

सत्त्वात्सञ्जायते ज्ञानं रजसो लोभ एव च ।
प्रमादमोहौ तमसो भवतोऽज्ञानमेव च ॥17॥

ऊर्ध्वं गच्छन्ति सत्त्वस्था मध्ये तिष्ठन्ति राजसाः ।
जघन्यगुणवृत्तिस्था अधो गच्छन्ति तामसाः ॥18॥

नान्यं गुणेभ्यः कर्तारं यदा द्रष्टानुपश्यति ।
गुणेभ्यश्च परं वेत्ति मद्भावं सोऽधिगच्छति ॥19॥

गुणानेतानतीत्य त्रीन्देही देहसमुद्भवान् ।
जन्ममृत्युजरादुःखैर्विमुक्तोऽमृतमश्नुते ॥20॥

श्री भगवान बोले :

त्रिगुण हेतु भव बन्धन केरो।

सब भूतों की ब्रह्म स्वरूपिणि - गर्भस्थान प्रकृति है मेरी।।

मम स्थापित चेतन रेतस - पाय प्रकृति प्रभवति तन ढेरो।

प्रकृति से प्रभावित सत, रज, तम गुण - भयो विविध भव बन्धन वेरो।।

सत सुख ज्ञान संग से बाँधत - रजो राग फल कर्मन घेरो।

निद्रा, लस्य, प्रसाद, मोह से - बाँधत तम अज्ञान अंधेरो।।

सुख में सत्व, कर्म में राजस - तम ढकि ज्ञान प्रमादन प्रेरो।

सत - रज, तम को, रज - तम, सत को - तम उभरत सत, रजहिं दबेरो।।

सत गुण से विवेक उर उपजत - राजस लोभ प्रवृति जनेरो।

अप्रकाश, लोभ, निद्रादि - ये सब पारथ तामस चेरो।।

जेहि गुण वृद्धि तजत तन जो नर - सोई गुण गाति सो जाता है वेरो।

सतो उर्ध, रज कर्म क्षेत्र में - तमों अधोगति डारत डेरो।।

सात्विक ज्ञान, लोभ-राजस का - फल अज्ञान है तामस केरो।

जेहि क्षण द्दष्टा, त्रिगुण शिवा नहिं - कर्ता जानत अन्यन केरो।।

मोहिं लखत अति परे त्रिगुण से - प्राप्त स्वरूप करत वह मेरो।

परमानन्द सो प्राप्त करत जो - करत उल्लंघन त्रिगुणन केरो।।

सम्बन्ध : तीनों गुणों से अतीत पुरुष जीवित अवस्था में ही अमृतत्व को प्राप्त हो जाता है। इससे अर्जुन गुणातीत पुरुषों के लक्षण, आचरण तथा गुणातीत होने के उपाय पूछते हैं।

पद ३

श्लोक २१

अर्जुन उवाच।

कैर्लिङ्गैस्त्रीनगुणानेतानतीतो भवति प्रभो ।

किमाचारः कथं चैतांस्त्रीनगुणानतिवर्तते ॥21॥

अर्जुन जी बोले :

प्रभो मेरी जिज्ञासा का हल करा दो।

गुणातीत पुरुषों का लक्षण लखादो।।

ये बता दो गुणातीत होता यथा है - वो किस आचरण वाला होता तथा है।।

इच्छा हमारी प्रभो ये पुरा दो ।। गुणातीत पुरुषों का लक्षण लखादो।।

सम्बन्ध: अब श्री भगवान अर्जुन के प्रश्नों के उत्तर देते हुए कहते हैं -

पद ४

श्लोक (२२ से २७ तक)

श्रीभगवानुवाच।

प्रकाशं च प्रवृत्तिं च मोहमेव च पाण्डव ।
न द्वेष्टि सम्प्रवृत्तानि न निवृत्तानि काङ्क्षति ॥22॥

उदासीनवदासीनो गुणैर्यो न विचाल्यते ।
गुणा वर्तन्त इत्येवं योऽवतिष्ठति नेङ्गते ॥23॥

समदुःखसुखः स्वस्थः समलोष्टाश्मकाञ्चनः ।
तुल्यप्रियाप्रियो धीरस्तुल्यनिन्दात्मसंस्तुतिः ॥24॥

मानापमानयोस्तुल्यस्तुल्यो मित्रारिपक्षयोः ।
सर्वारम्भपरित्यागी गुणातीतः स उच्यते ॥25॥

मां च योऽव्यभिचारेण भक्तियोगेन सेवते ।
स गुणान्समतीत्यैतान्ब्रह्मभूयाय कल्पते ॥26॥

ब्रह्मणो हि प्रतिष्ठाहममृतस्याव्ययस्य च ।
शाश्वतस्य च धर्मस्य सुखस्यैकान्तिकस्य च ॥27॥

श्री भगवान बोले :

हो आत्म भाव में जो सदा रहने वाला।

तथा सुख व दुख में हो सम रहने वाला।।

जो द्वेष नहीं गुणों की प्रवृति में है करता - निबृित होने पर भी आकांक्षा रखता।।

बरतते हैं गुण-गुण में यह लखने वाला। हो आत्म भाव में जो सदा रहने वाला।।

माँटी व पाथर तथा स्वर्ण में जो - प्रिय व अप्रिय में भी रहता है सम जो।।

हो निन्दा व स्तुति में सम रहने वाला।। हो आत्म भाव में जो सदा रहने वाला।।

हो सम मित्र वैरी व मान-अपमान से - रहित हो जो सम्पूर्ण कर्ताभिमान से।।

गुणातीत होता, इस आचर वाला - हो आत्म भाव में जो सदा रहने वाला।।

जो अव्यभिचारी भगति योग द्वारा - भजता निरन्तर भगत है हमारा।।

लाँघि त्रिगुण वनत योग्य ब्रह्म प्राप्ति वाला।। हो आत्म भाव में जो सदा रहने वाला।।

क्योंकि परम ब्रह्म अविनाशी अमृत का - नित्य धर्म, आनन्द अखण्ड एक रस का।।

आश्रय सभी का हूँ मैं रहने वाला।। हो आत्म भाव में जो सदा रहने वाला।।

अध्याय १५

पद १

श्लोक (१ से ११ तक)

पुरुषोत्तम योग

श्रीभगवानुवाच

ऊर्ध्वमूलमधःशाखमश्वत्थं प्राहुरव्ययम् ।
छन्दांसि यस्य पर्णानि यस्तं वेद स वेदवित् ॥1॥

अधश्चोर्ध्वं प्रसृतास्तस्य शाखा गुणप्रवृद्धा विषयप्रवालाः।
अधश्च मूलान्यनुसन्ततानि कर्मानुबन्धीनि मनुष्यलोके ॥2॥

न रूपमस्येह तथोपलभ्यते नान्तो न चादिर्न च सम्प्रतिष्टा।
अश्वत्थमेनं सुविरूढमूल-मसङ्गशस्त्रेण दृढेन छित्त्वा ॥3॥

ततः पदं तत्परिमार्गितव्यं यस्मिन्गता न निवर्तन्ति भूयः।
तमेव चाद्यं पुरुष प्रपद्ये यतः प्रवृत्ति प्रसृता पुराणी ॥4॥

निर्मानमोहा जितसङ्गदोषा अध्यात्मनित्या विनिवृत्तकामाः ।
द्वन्द्वैर्विमुक्ताः सुखदुःखसंज्ञैर्गच्छन्त्यमूढाः पदमव्ययं तत् ॥5॥

न तद्भासयते सूर्यो न शशाङ्को न पावकः ।

यद्गत्वा न निर्वतन्ते तद्धाम परमं मम॥6॥

ममैवांशो जीवलोके जीवभूतः सनातनः ।
मनःषष्ठानीन्द्रियाणि प्रकृतिस्थानि कर्षति॥7॥

शरीरं यदवाप्रोति यच्चाप्युत्क्रामतीश्वरः।
गृहीत्वैतानि संयाति वायुर्गन्धानिवाशयात् ॥8॥

श्रोत्रं चक्षुः स्पर्शनं च रसनं घ्राणमेव च ।
अधिष्ठाय मनश्चायं विषयानुपसेवते ॥9॥

उत्क्रामन्तं स्थितं वापि भुञ्जानं वा गुणान्वितम् ।
विमूढा नानुपश्यन्ति पश्यन्ति ज्ञानचक्षुषः ॥10॥

यतन्तो योगिनश्चैनं पश्यन्त्यात्मन्यवस्थितम्।
यतन्तोऽप्यकृतात्मानो नैनं पश्यन्त्यचेतसः ॥11॥

श्री भगवान बोले :

पीपल तरु सम जगत बताये।

उपर मूल शाख नीचे को - ऐसी अद्‍भुत स्थिति गाये।।

परमेश्वर ही उर्ध मूल है - ब्रह्मा तरु का तना कहाये।

विषय भोग कोयल गुण सिंचित - देव मनुज तीर्थक शाखाएं।।

ता तरू यन्ते वेद बताये - रक्षा वृद्धि कार्य में आये।

अहंता, ममता, वासन की जड़ - उर्ध, अधो सब लोकन छाये।

कर्म अनुसार जो मनुज लोक में - बन्धन का कारण कहलाये।।

अहंता, ममता, वासन की जड़ - शत्र असंग से काटि गिराये।

मूल है जो संसार वृक्ष का - तब ताकी शरणन में जाये।।

मान, मोह, आसक्ति दोष तजि - परम पुरुष चित सतत लगाये।

काम व सुख-दुःखादि द्वन्दों से - मुक्त जो पुरुष परम पद पाये।।

सूर्य, चन्द्र अरु अग्नि प्रकाशित - करत न सो निजधाम बताये।

जो पद पाई पुरुष इस जग से - पुनरागमन मुक्त हो जाये।।

अंश है देही देह में मेरा - जब यह तन तज कर जाये।

वायु गन्ध को ग्रहण करत जस - तस इन्द्रिय मन कर्षाये।।

ज्ञानेन्द्रिय, मन के माध्यम से - विषयों का रस पान कराये।

तन में रहत जात तन तजि के - विषय चखत जन जानि न पाये।।

यतन करत योगी हिय जानत - मलिन हृदय करि यतन न पाये।

काटे बिन जड़ वासनादि की - ना अर्जुन भवचक्र नशाये।।

सम्बन्ध : अब श्री भगवान गुण, प्रभाव और ऐश्वर्य सहित अपने स्वरूप का वर्णन करते हैं।

पद २

श्लोक (१२ से २० तक)

यदादित्यगतं तेजो जगद्भासयतेऽखिलम्।
यच्चन्द्रमसि यच्चाग्नौ तत्तेजो विद्धि मामकम् ॥12॥

गामाविश्य च भूतानि धारयाम्यहमोजसा।
पुष्णामि चौषधीः सर्वाः सोमो भूत्वा रसात्मकः ॥13॥

अहं वैश्वानरो भूत्वा प्राणिनां देहमाश्रितः।
प्राणापानसमायुक्तः पचाम्यन्नं चतुर्विधम् ॥14॥

सर्वस्य चाहं हृदि सन्निविष्टो मत्तः स्मृतिर्ज्ञानमपोहनं च ।
वेदैश्च सर्वैरहमेव वेद्यो वेदान्तकृद्वेदविदेव चाहम् ॥15॥

द्वाविमौ पुरुषौ लोके क्षरश्चाक्षर एव च ।
क्षरः सर्वाणि भूतानि कूटस्थोऽक्षर उच्यते ॥16॥

उत्तमः पुरुषस्त्वन्यः परमात्मेत्युदाहृतः।
यो लोकत्रयमाविश्य बिभर्त्यव्यय ईश्वरः ॥17॥

यस्मात्क्षरतमतीतोऽहमक्षरादपि चोत्तमः ।
अतोऽस्मि लोके वेदे च प्रथितः पुरुषोत्तमः ॥18॥

यो मामेवमसम्मूढो जानाति पुरुषोत्तमम् ।
स सर्वविद्भजति मां सर्वभावेन भारत ॥19॥

इति गुह्यतमं शास्त्रमिदमुक्तं मयानघ ।
एतबुद्ध्वा बुद्धिमान्स्यात्कृतमकृत्यश्च भारत ॥20॥

श्री भगवान बोले :

क्षर-अक्षर दुइ पुरुष कहावत।

क्षर है प्राणि मात्र सब जग के - आत्म तत्व अक्षर में आवत।।

क्षर से तो मैं अति अतीत हूँ - अक्षर से उत्तम कहलावत।

मैं सर्वज्ञ, उपास्य, नियामक - शक्ति नाथ, गुणातीत कहावत।।

वह अल्पज्ञ, उपासक, नियमित - अल्प शक्ति प्रकृतिस्थ बतावत।

इस प्रकार अक्षर से उत्तम - ताते पुरुषोत्तम कहलावत।।

रवि, शशि, अग्नि में तेज है मेरा - जो यह जग स्थूल लखावत।

शशि में रस वनि औषधि पोषत - भूँ वसि भूमि से भूत धरावत।।

प्राण, अपान युक्त सव तन में - अन्न चारि वनि जठर पचावत।

विद्युत अंश मात्र हो जैसे - भिन्न-भिन्न सब यन्त्र चलावत।।

इस सम्पूर्ण जगत को वैसे - अंश मात्र मम प्रकृति नचावत।

अंतर्यामी रूप से सब हिय - स्मृति, ज्ञान, अपोहन लावत।।

वेद विधेय, वेद का ज्ञाता - कर्ता खुद वेदान्त कहावत।

तत्व से जानि भजत जो सब विधि - ताको सर्व विज्ञ बतलावत।।

अति रहस्यमय गुह्य पार्थ यह - ज्ञानिन ज्ञान कृतार्थ करावत।

शब्द - अर्थ

क्षर - उत्पत्ति विनाशशील

अक्षर - अविनाशी

अध्याय १६

पद १

श्लोक (१ से अध्याय समाप्ति)

दैवासुर सम्पद विभाग योग

श्रीभगवानुवाच।
अभयं सत्त्वसंशुद्धिर्ज्ञानयोगव्यवस्थितिः ।
दानं दमश्च यज्ञश्च स्वाध्यायस्तप आर्जवम् ॥1॥

अहिंसा सत्यमक्रोधास्त्यागः शान्तिरपैशुनम् ।
दया भूतेष्वलोलुप्त्वं मार्दवं ह्रीरचापलम् ॥2॥

तेजः क्षमा धृतिः शौचमद्रोहोनातिमानिता ।
भवन्ति सम्पदं दैवीमभिजातस्य भारत ॥3॥

दम्भो दर्पोऽभिमानश्च क्रोधः पारुष्यमेव च ।
अज्ञानं चाभिजातस्य पार्थ सम्पदमासुरीम् ॥4॥

दैवी सम्पद्विमोक्षाय निबन्धायासुरी मता ।
मा शुचः सम्पदं दैवीमभिजातोऽसि पाण्डव ॥5॥

द्वौ भूतसौ लोकेऽस्मिन्दैव आसुर एव च ।

दैवो विस्तरशः प्रोक्त आसुरं पार्थ मे शृणु ॥6॥

प्रवृत्तिं च निवृत्तिं च जना न विदुरासुराः ।
न शौचं नापि चाचारो न सत्यं तेषु विद्यते ॥7॥

असत्यमप्रतिष्ठं ते जगदाहुरनीश्वरम्।
अपरस्परसम्भूतं किमन्यत्कामहैतुकम् ॥8॥

एतां दृष्टिमवष्टभ्य नष्टात्मानोऽल्पबुद्धयः ।
प्रभवन्त्युग्रकर्माणः क्षयाय जगतोऽहिताः ॥9॥

काममाश्रित्य दुष्पूरं दम्भमानमदान्विताः।
मोहाद्गृहीत्वासद्ग्राहान्प्रवर्तन्तेऽशुचिव्रताः ॥10॥

चिन्तामपरिमेयां च प्रलयान्तामुपाश्रिताः ।
कामोपभोगपरमा एतावदिति निश्चिताः ॥11॥

आशापाशशतैर्बद्धाः कामक्रोधपरायणाः ।
ईहन्ते कामभोगार्थमन्यायेनार्थसञ्चयान् ॥12॥

इदमद्य मया लब्धमिमं प्राप्स्ये मनोरथम्
इदमस्तीदमपि मे भविष्यति पुनर्धनम्॥13॥

असौ मया हतः शत्रुर्हनिष्ये चापरानपि ।
ईश्वरोऽहमहं भोगी सिद्धोऽहं बलवान्सुखी ॥14॥

आढ्योऽभिजनवानस्मि कोऽन्योऽस्ति सदृशो मया ।
यक्ष्ये दास्यामि मोदिष्य इत्यज्ञानविमोहिताः ॥15॥

अनेकाचित्तविभ्रान्ता मोहजालसमावृताः
प्रसक्ताः कामभोगेषु पतन्ति नरकेऽशुचौ ॥16॥

आत्मसम्भाविताः स्तब्धा धानमानमदान्विताः ।
यजन्ते नामयज्ञैस्ते दम्भेनाविधिपूर्वकम् ॥17॥

अहङ्कारं बलं दर्पं काम क्रोधं च संश्रिताः ।
मामात्मपरदेहेषु प्रद्विषन्तोऽभ्यसूयकाः ॥18॥

तानहं द्विषतः क्रूरान्संसारेषु नराधामान् ।
क्षिपाम्यजस्त्रमशुभानासुरीष्वेव योनिषु ॥19॥

आसुरीं योनिमापन्ना मूढ़ा जन्मनि जन्मनि।
मामप्राप्यैव कौन्तेय ततो यान्त्यधमां गतिम् ॥20॥

त्रिविधां नरकस्येदं द्वारं नाशनमात्मनः ।
कामः क्रोधस्तथा लोभस्तस्मादेतत्त्रयं त्यजेत् ॥21॥

एतैर्विमुक्तः कौन्तेय तमोद्वारैस्त्रिभिर्नरः ।
आचरत्यात्मनः श्रेयस्ततो याति परां गतिम् ॥22॥

यः शास्त्रविधिमुत्सृज्य वर्तते कामकारतः ।
न स सिद्धिमवाप्नोति न सुखं न परां गतिम् ॥23॥

तस्माच्छास्त्रं प्रमाणं ते कार्याकार्यव्यवस्थितौ ।
ज्ञात्वा शास्त्रविधानोक्तं कर्म कर्तुमिहार्हसि ॥24॥

श्री भगवान बोले :

दैव-असुर दुई प्रकृति बखाना।

दैवी सम्पद मोक्ष हेतु पर - आसुरी बंधन कारण माना।।

अभय, दान, दम, यज्ञ, सत्व शुद्धि - ज्ञान योग को अपनाना।

अहिंसा, अद्रोह, तप, आर्जव - मार्दव, दया, शान्ति सतलाना।।

तेज, क्षमा, धृति, शौच, अमानी - लज्जा त्याग को अपनाना।

लोलुपता, प्रमाद, क्रोध तजि - स्वाध्याय सुर सम्पद माना।।

आसुरीसम्पद दम्भ, दर्प - अभिमान, क्रोध अरू अज्ञाना।

शौच न सत्य न श्रेष्ठ आचरण - प्रवृति-निवृति को ना जाना।।

सत्य विहीन बिना ईश्वर का - आश्रय रहित जगत माना।

नर-नारी संयोग से उत्पत्ति - कामहिं याकर कारण माना।।

मन्दबुद्धि जग नाश करत वह - क्रूर कर्म करि-करि नाना।

रखत असंख्य अपूर्ण कामना - करत आचरण मनमाना।।

करि अन्याय करत धन संचय - विषय भोग में लपटाना।

यह धन आज और करि लैहौं - यह रिपु हते-हतव पुनि आना।।

मैं ईश्वर ऐश्वर्य का भोगी - सिद्ध सुखो अरु बलवाना।

नाम मात्र करि अविध यज्ञ को - काम, क्रोध रखि अभिमाना।।

सब हिय मोहिं अंतर्यामी को - देत क्लेश निजतन आना।

ऐसे आसुरी प्रकृति पुरुष को - पुनि-पुनि परत नरक जाना।।

द्वार नरक का काम, क्रोध अरु - लोभ को मुनियों ने माना।

इनसे मुक्त अचार श्रेष्ट करि - नर पावत पद निर्वाना।।

त्यागी शास्त्र विधि निज इच्छा से - करत करम जो मन माना।

वह जन सुख, सिद्धि नहिं पावत - नहीं परम पद को पाना।।

इससे शास्त्र से नियत कर्म ही - है, अर्जुन, कर्तव्य बखाना।

अध्याय १७

सम्बन्ध : श्री भगवान ने १६वे अध्याय के अन्त में कहा कि जो शास्त्र विधि को छोड़ कर मन माने कर्म करते हैं, उनके कर्म व्यर्थ होते हैं। इस पर अर्जुन को जिज्ञासा होती है कि जो शास्त्र विधि को तो नहीं जानते परंतु यज्ञ, पूजादि शुभ कर्म करते हैं, उनकी क्या स्थिति होती हैं। इस जिज्ञासा को व्यक्त करते हुए अर्जुन श्री भगवान से पूछते हैं -

पद १

श्लोक १

श्रद्धा तय विभाग योग

अर्जुन उवाच।

ये शास्त्रविधिमुत्सृज्य यजन्ते श्रद्धयान्विताः।

तेषां निष्ठा तु का कृष्ण सत्त्वमाहो रजस्तमः ॥1॥

अर्जुन जी बोले :

जो देवादि श्रद्धा सहित पूजता है।

मगर शास्त्र की विधि नहीं बुझता है।।

उसकी, हे श्री कृष्ण, क्या स्थिति है।

सात्विकी या राजसी या फिर तामसी है?

सम्बन्ध:

अब श्री भगवान संक्षेप में अर्जुन के प्रश्न का उत्तर दे कर श्रद्धानुसार मनुष्यों की निष्ठा का स्वरूप बतलाते हुए कौन मनुष्य किस निष्ठा का है इसकी पहचान बतलाते हुए कहते हैं।

पद २

श्लोक (२ से ६ तक)

श्रीभगवानुवाच।

त्रिविद्या भवति श्रद्धा देहिनां सा स्वभावजा ।
सात्त्विकी राजसी चैव तामसी चेति तां शृणु ॥2॥

सत्त्वानुरूपा सर्वस्य श्रद्धा भवति भारत।
श्रद्धामयोऽयं पुरुषों यो यच्छ्रद्धः स एव सः ॥3॥

यजन्ते सात्त्विका देवान्यक्षरक्षांसि राजसाः।
प्रेतान्भूतगणांश्चान्ये यजन्ते तामसा जनाः ॥4॥

अशास्त्रविहितं घोरं तप्यन्ते ये तपो जनाः।
दम्भाहङ्कारसंयुक्ताः कामरागबलान्विताः ॥5॥

कर्षयन्तः शरीरस्थं भूतग्राममचेतसः।
मां चैवान्तःशरीरस्थं तान्विद्ध्यासुरनिश्चयान् ॥6॥

श्री भगवान बोले :

सत, रज, तम श्रद्धा स्वभावजा।

जन्मों के संस्कार स्वभाव से - उपजति तन श्रद्धा स्वभावजा।।

शास्त्राध्ययन, संत संगति से - उपजति जो श्रद्धा सो शास्त्रजा।

त्रिगुण युक्त श्रद्धा स्वभावजा - श्रद्धा त्रिगुणातीत शास्त्रजा।।

राक्षस, यक्ष यजति रज श्रद्धा - देव यजति श्रद्धा गुण सताजा।

प्रेत भूत गण यजति तामसी - लक्षण यह स्वभाव गुण उपजा।।

यजत ब्रह्म करि यज्ञ त्यागिफल - सो श्रद्धा युत पुरुष शास्त्रजा।

सत्य स्वरूप होति श्रद्धा तन - जोई श्रद्धा सोई होत सो मनुजा।।

रहित शास्त्र विधि, मन कल्पित तप - तपते हैं जो पुरुष अज्ञजा।

बल, अभिमान, दम्भ, आसक्ती - अहंकार से युक्त कामजा।।

भूत समुदाय को करसत तन में - तथा मोहिं अंतस्थ वासिजा।

उन अज्ञानिन को तू, अर्जुन - जान युक्त आसुरी स्वभावजा।।

पद ३

श्लोक (७ से १० तक)

आहारस्त्वपि सर्वस्य त्रिविधो भवति प्रियः।
यज्ञस्तपस्तथा दानं तेषां भेदमिमं शृणु ॥7॥

आयुः सत्त्वबलारोग्यसुखप्रीतिविवर्धनाः।

रस्याः स्निग्धाः स्थिरा हृद्या आहाराः सात्त्विकप्रियाः ॥8॥

कट्वम्ललवणात्युष्णतीक्ष्णरूक्षविदाहिनः।
आहारा राजसस्येष्टा दुःखशोकामयप्रदाः ॥9॥

यातयामं गतरसं पूति पर्युषितं च यत्।
उच्छिष्टमपि चामेधयं भोजनं तामसप्रियम् ॥10॥

श्री भगवान बोले :

प्रकृति-नुरूप अहार भी सबको - तीन तरह प्रिय होते हैं।

यज्ञ, दान, तप भी है, अर्जुन - तीन तरह के होते हैं।।

आयु, आरोग्य, बुद्धि बल वर्धक - जो स्वाभाविक प्रिय लगते हैं।

चिकने रस युक्त, प्रीतिकर हैं जो - सात्विक को प्रिय लगते हैं।।

कड़वे, खट्टे, तीखे, रूखे - अधिक गर्म जो होते हैं।

दाहक, दुःख, चिंता व रोगकर - राजस को प्रिय होते हैं।।

दुर्गन्धियुक्त, रस रहित, अधपका - जो अपवित्र व बासी होते हैं।

बचा हुआ, जूठा भोजन जो - तामस को प्रिय होते है।।

पद ४

श्लोक (११ से २२ तक)

अफलाकाङ्क्षिभिर्यज्ञो विधिदृष्टो य इज्यते।

यष्टव्यमेवेति मनः समाधाय स सात्त्विकः ॥11॥

अभिसन्धाय तु फलं दम्भार्थमपि चैव यत् ।
इज्यते भरतश्रेष्ठ तं यज्ञं विद्धि राजसम् ॥12॥

विधिहीनमसृष्टान्नं मन्त्रहीनमदक्षिणम् ।
श्रद्धाविरहितं यज्ञं तामसं परिचक्षते ॥13॥

देवद्विजगुरुप्राज्ञपूजनं शौचमार्जवम् ।
ब्रह्मचर्यमहिंसा च शारीरं तप उच्यते ॥14॥

अनुद्वेगकरं वाक्यं सत्यं प्रियहितं च यत्।
स्वाध्यायाभ्यसनं चैव वाङ्मयं तप उच्यते ॥15॥

मनःप्रसादः सौम्यत्वं मौनमात्मविनिग्रहः ।
भावसंशुद्धिरित्येतत्तपो मानसमुच्यते ॥16॥

श्रद्धया परया तप्तं तपस्तत्त्रिविधं नरैः ।
अफलाकिाक्षभिर्युक्तैः सात्त्विकं परिचक्षते ॥17॥

सत्कारमानपूजार्थं तपो दम्भेन चैव यत्।
क्रियते तदिह प्रोक्तं राजसं चलमध्रुवम् ॥18॥

मूढग्राहेणात्मनो यत्पीडया क्रियते तपः ।
परस्योत्सादनार्थं वा तत्तामसमुदाहृतम् ॥19॥

दातव्यमिति यदानं दीयतेऽनुपकारिणेत्र ।
देशे काले च पात्रे च तद्दानं सात्त्विकं स्मृतम् ॥20॥

यत्तु प्रत्युपकारार्थं फलमुद्दिश्य वा पुनः।
दीयते च परिक्लिष्टं तद्दानं राजसं स्मृतम् ॥21॥

अदेशकाले यदानमपात्रेभ्यश्यच दीयते ।
असत्कृतमवज्ञातं तत्तामसमुदाहृतम् ॥22॥

श्री भगवान बोले :

तिहुपुर त्रिगुण विलनि बा।

त्रिगुण के कारण यज्ञ, दान, तप - तीनौ तीनै तीन बा।।

यज्ञ सात्विकी, शास्त्र नियत विधि - फल की चाह विहीन बा।

और राजसी दम्भ, दर्प संग - फल की आशा कीन बा।।

विधि विहीन, दक्षिणाहीन - या मन्त्रों का ना ज्ञान बा।

बिन श्रद्धा की यज्ञ तामसी - या तो ना अन्न दान बा।।

प्रत्युपकार विहीन, दान देना - कर्तव्य में मान बा।

देश काल अनुसार, पात्र हो - तब तो सात्विक दान बा।।

फल, उपकार व क्लेश के द्वारा - देना राजस दान बा।

तिरस्कार से, या कुपात्र को - देना तामस दान बा।।

सम्बन्ध : अब श्री भगवान सात्विक यज्ञ, दान, तप उपादेय क्यों हैं तथा भगवान से उनका क्या सम्बन्ध है। सात्विक यज्ञ, दान, तप में जो अंग वैगुण्य हो जाए, उसकी पूर्ति किस प्रकार होती है।

इस पर श्री भगवान कहते हैं -

पद ५

श्लोक (२३ से २८ तक)

ॐ तत्सदिति निर्देशो ब्रह्मणस्त्रिविधः स्मृतः।
ब्राह्मणस्तेन वेदाश्च यज्ञाश्च विहिताः पुरा ॥23॥

तस्माद् ॐ इत्युदाहृत्य यज्ञदानतपःक्रियाः।
प्रवर्तन्ते विधानोक्ताः सततं ब्रह्मवादिनाम् ॥24॥

तदित्यनभिसन्धाय फलं यज्ञतपःक्रियाः ।
दानक्रियाश्च विविधाः क्रियन्ते मोक्षकिाक्षभिः ॥25॥

सद्भावे साधुभावे च सहित्येतत्प्रयुज्जते ।
प्रशस्ते कर्मणि तथा सच्छब्दः पार्थ युज्यते ॥26॥

यज्ञे तपसि दाने च स्थितिः सदिति चोच्यते ।
कर्म चैव तदर्थीयं सदित्येवाभिधीयते ॥27॥

अश्रद्धया हुतं दत्तं तपस्तप्तं कृतं च यत् ।
असदित्युच्यते पार्थ न च तत्प्रेत्य ना इह ॥28॥

श्री भगवान बोले :

ब्रह्म नाम में ॐ व तत सत मुख्य नाम में आता है।

जो आदि काल में वेद, ब्राह्मण - यज्ञ उत्पत्ति कराता है।।

ॐ नाम यज्ञादि कर्म का - अंग वैगुण्य मिटाता है।

वेद मन्त्र यज्ञादि में इससे - प्रथम लगाया जाता है।।

जिससे सब उत्पन्न हुए - तत् उसको याद कराता है।

तत् प्रयोग से नियत कर्म - प्रभु को अर्पित हो जाता है।।

सत् नाम को साधु भाव - सद्‌भाव में लाया जाता है।

सत् भाव उस अविनाशी का - नित्य भाव दर्शाता है।।

साधु भाव उस परमेश्वर की - प्राप्ति में हेतु कहाता है।

सात्विक यज्ञ, दान, तप जो - साधक सम्पन्न कराता है।।

प्रभू प्राप्ति में हेतु है इससे - सत्य कार्य में आता है।

नारायण के लिए कर्म तो - निश्चय सत हो जाता है।।

श्रद्धा हीन जो यज्ञ, दान तप - फल विहीन हो जाता है।।

इति

तन, मन, वाणी की तप में - जो श्रद्धा से लवलीन बा।

फल की चाह नहीं रखता तो - तप सात्विक कुलीन बा।।

सत्कार, मान, पाखण्ड, दंभ जो - रखती वह तप राजस बा।

आन अनिष्ट हठ और मूढ़ता - युक्त तपित तप तामस बा।।

सात्विक का सम्पादन और - रज, तम निषेध समसावल बा।

यज्ञ, दान, तप त्याज्य नहीं - पर आवश्यक बतलावल बा।।

सम्बन्ध : अब अर्जुन इस अठारहवे अध्याय में समस्त अध्यायों के उपदेश का सार जानने के उद्देश्य से संन्यास यानी ज्ञान योग और त्याग यानी फलासक्ति के त्यागरूप कर्म योग का तत्व भली भाँति अलग-अलग जानने की इच्छा प्रगट करते हैं।

अध्याय १८

मोक्ष सन्यास योग

पद १

श्लोक १

अर्जुन उवाच।
सन्यासस्य महाबाहो तत्त्वमिच्छामि वेदितुम् ।
त्यागस्य च हृषीकेश पृथक्केशिनिषूदन ॥1॥

अर्जुन जी बोले :

हे महाबाहु, अंतर्यामी - संन्यास, त्याग का पृथक-पृथक।

हे वासुदेव, दोनो के तत्वों - की करवा दो हमें झलक।।

पद २

श्लोक (२ से ६ तक)

श्रीभगवानुवाच।
काम्यानां कर्मणां न्यासं संन्यासं कवयो विदुः।
सर्वकर्मफलत्यागं प्राहुस्त्यागं विचक्षणाः ॥2॥

त्याज्यं दोषवदित्येके कर्म प्राहुर्मनीषिणः ।

यज्ञदानतपः कर्म न त्याज्यमिति चापरे ॥3॥

निश्चयं शृणु मे तत्र त्यागे भरतसत्तम।
त्यागो हि पुरुषव्याघ्र त्रिविधः सम्प्रकीर्तितः ॥4॥

यज्ञदानतपः कर्म न त्याज्यं कार्यमेव तत् ।
यज्ञो दानं तपश्चैव पावनानि मनीषिणाम् ॥5॥

एतान्यपित तु कर्माणि संगम त्यक्त्वा फलानि च ।
कर्तव्यानीति मे पार्थ निश्चितं मतमुत्तमम् ॥6॥

श्री भगवान बोले :

काम्य कर्म के त्याग को कुछ पंडित संन्यास समझते हैं।

विचार-कुशल दूसरे, कर्मफल - त्याग को त्याग समझते हैं।।

दोषयुक्त सब कर्म, त्याज्य - दूसरे विज्ञ कुछ कहते हैं।

अन्य मनीषी यज्ञ, दान, तप - त्याज्य नहीं, यह कहते हैं।।

प्रथम त्याग में अपना निश्चित - उत्तम मत बतलाते हैं।

त्याग भी अर्जुन त्रिगुण के कारण - तीन तरह हो जाते हैं।।

यज्ञ, दान, तप त्याज्य नहीं - निश्चित कर्तव्य में आते हैं।

क्योंकि ये तीनों बुध जन को - पावन पार्थ बनाते हैं।।

त्यागि कर्मफल, आसक्ती - कर्तव्य कर्म जो बनते हैं।

करना निश्चय, अपने निश्चित - उत्तम मत में हम रखते हैं।।

सम्बन्ध : अब श्री भगवान क्रम से तीन प्रकार के त्यागों का लक्षण बतलाते हैं।

पद ३

श्लोक (७ से १२ तक)

नियतस्य तु सन्यासः कर्मणो नोपपद्यते ।
मोहात्तस्य परित्यागस्तामसः परिकीर्तितः ॥7॥

दुःखमित्येव यत्कर्म कायक्लेशभयात्त्यजेत्।
स कृत्वा राजसं त्यागं नैव त्यागफलं लभेत् ॥8॥

कार्यमित्येव यत्कर्म नियतं क्रियतेऽर्जुन।
सङ्गं त्यक्त्वा फलं चैव स त्यागः सात्त्विको मतः ॥9॥

न द्वेष्ट्यकुशलं कर्म कुशले नानुषज्जते।
त्यागी सत्त्वसमाविष्टो मेधावी छिन्नसंशयः ॥10॥

न हि देहभृता शक्यं त्यक्तुं कर्माण्यशेषतः।
यस्तु कर्मफलत्यागी स त्यागीत्यभिधीयते ॥11॥

अनिष्टमिष्टं मिश्रं च त्रिविधं कर्मणः फलम्।
भवत्यत्यागिनां प्रेत्य न तु सन्यासिनां क्वचित् ॥12॥

श्री भगवान बोले :

होता त्याग तीन, त्रिगुणन से।

नियत कर्म का त्याग उचित नहिं - कहे कृष्ण निज कमल वदन से।।

नियत त्याग तामस कहलावत - राजस कायिक क्लेश भयन से।

त्याग सो सात्विक अनासक्त हो - नियत कर्म फल त्यागि करन से।।

अकुशल कर्म से द्वेष न करता - राग न रखत कुशल करमन से।

निश्चय सो सच्चा त्यागी है - युक्त पुरुष वह सत्व गुणन से।।

भला, बुरा, मिश्रित फल निश्चय - बनता है फल चाह रखन से।

फल रागी नर बँधत करम से - मुक्त असक्त फल भलो बुरन से।।

फल तजि, निश्चय नियत कर्म करन - मुक्ति युक्ति ये हि योग चलन से।।

पद ४

श्लोक (१३ से ४० तक)

पञ्चैतानि महाबाहो कारणानि निबोध मे।
साङ्,ख्ये कृतान्ते प्रोक्तानि सिद्धये सर्वकर्मणाम् ॥13॥

अधिष्ठानं तथा कर्ता करणं च पृथग्विधम्।
विविधाश्च पृथक्चेष्टा दैवं चैवात्र पञ्चमम् ॥14॥

शरीरवाङ्.मनोभिर्यत्कर्म प्रारभते नरः।
न्याय्यं वा विपरीतं वा पञ्चैते तस्य हेतवः ॥15॥

तत्रैवं सति कर्तारमात्मानं केवलं तु यः।

पश्यत्यकृतबुद्धित्वान्न स पश्यति दुर्मतिः ॥16॥

यस्य नाहङ्.कृतो भावो बुद्धिर्यस्य न लिप्यते।
हत्वाऽपि स इमॉल्लोकान हन्ति न निबध्यते ॥17॥

ज्ञानं ज्ञेयं परिज्ञाता त्रिविधा कर्मचोदना।
करणं कर्म कर्तेति त्रिविधः कर्मसंग्रहः ॥18॥

ज्ञानं कर्म च कर्ता च त्रिधैव गुणभेदतः।
प्रोच्यते गुणसङ्.ख्याने यथावच्छृणु तान्यपि ॥19॥

सर्वभूतेषु येनैकं भावमव्ययमीक्षते।
अविभक्तं विभक्तेषु तज्ज्ञाानं विद्धि सात्त्विकम् ॥20॥

पृथक्त्वेन तु यज्ज्ञानं नानाभावान्पृथग्विधान्।
वेत्ति सर्वेषु भूतेषु तज्ज्ञानं विद्धि राजसम् ॥21॥

यत्तु कृत्स्नवदेकस्मिन्कार्ये सक्तमहैतुकम् ।
अतत्त्वार्थवदल्पं च तत्तामसमुदाहृतम् ॥22॥

नियतं सङ्गरहितमरागद्वेषतः कृतम्।
अफलप्रेप्सुना कर्म यत्तत्सात्त्विकमुच्यते ॥23॥

यत्तु कामेप्सुना कर्म साहङ्कारेण वा पुनः ।
क्रियते बहुलायासं तद्राजसमुदाहृतम् ॥24॥

अनुबन्धं क्षयं हिंसामनपेक्ष्य च पौरुषम्।
मोहादारभ्यते कर्म यत्तत्तामसमुच्यते ॥25॥

मुक्तसङ्गोऽनहंवादी धृत्युत्साहसमन्वितः।
सिद्ध्योसिद्ध्योर्निर्विकारः कर्ता सात्त्विक उच्यते ॥26॥

रागी कर्मफलप्रेप्सुर्लुब्धो हिंसात्मकोऽशुचिः।
हर्षशोकान्वितः कर्ता राजसः परिकीर्तितः ॥27॥

अयुक्तः प्राकृतः स्तब्धः शठो नैष्कृतिकोऽलसः।
विषादी दीर्घसूत्री च कर्ता तामस उच्यते ॥28॥

बुद्धेर्भेदं धृतेश्चैव गुणतस्त्रिविधं शृणु।
प्रोच्यमानमशेषेण पृथक्त्वेन धनञ्जय ॥29॥

प्रवृत्तिं च निवृत्तिं च कार्याकार्ये भयाभये।
बन्धं मोक्षं च या वेत्ति बुद्धिः सा पार्थ सात्त्विकी ॥30॥

यया धर्ममधर्मं च कार्यं चाकार्यमेव च ।
अयथावत्प्रजानाति बुद्धिः सा पार्थ राजसी ॥31॥

अधर्मं धर्ममिति या मन्यते तमसावृता।
सर्वार्थाविपरीतांश्च बुद्धिः सा पार्थ तामसी ॥32॥

धृत्या यया धारयते मनः प्राणेन्द्रियक्रियाः ।
योगेनाव्यभिचारिण्या धृतिः सा पार्थ सात्त्विकी ॥33॥

यया तु धर्मकामार्थान्धृत्या धारयतेऽर्जुन।
प्रसङ्गेन फलाकाङ्क्षी धृतिः सा पार्थ राजसी ॥34॥

यया स्वप्नं भयं शोकं विषादं मदमेव च ।

न विमुञ्चति दुर्मेधा धृतिः सा पार्थ तामसी ॥35॥

सुखं त्विदानी त्रिविधं शृणु मे भरतर्षभ।
अभ्यासाद्रमते यत्र दुःखान्तं च निगच्छति ॥36॥

यत्तदने विषमिव परिणामेऽमृतोपसम्।
तत्सुखं सात्त्विकं प्रोक्तमात्मबुद्धिप्रसादजम् ॥37॥

विषयेन्द्रियसंयोगाद्यत्तदग्रेऽमृतोपमम् ।
परिणामे विषमिव तत्सुखपं राजसं स्मृतम् ॥38॥

यदने चानुबन्धे च सुखं मोहनमात्मनः।
निद्रालस्यप्रमादोत्थं तत्तामसमुदाहृतम् ॥39॥

न तदस्ति पृथिव्याँ वा दिवि देवेषु वा पुनः ।
सत्त्वं प्रकृतिजैर्मुक्तं यदेभिः स्यात्रिभर्गुणैः ॥40॥

श्री भगवान बोले :

कर्मों के संन्यास तत्व को - सांख्य शास्त्र बतलाता है।

किसी कर्म की सिद्धि में केवल - पाँच हेतु हो आता है।।

कर्ता, करण, अधिष्ठान, व - चेष्टा, दैव बताता है।

ऐसे में जो देही में ही - कर्ता भाव बनाता है।।

वह यथार्थ को नहीं जानता - मन्दबुद्धि कहलाता है।

बुद्धि में कर्ता भाव न हो तो - कर्म नाश हो जाता है।।

कर्म, प्रेरणा, ज्ञान, ज्ञेय व - ज्ञाता ही कर पाता है।

कर्ता, करण, क्रिया के द्वारा - संग्रह कर्म कराता है।।

ज्ञान, कर्म, कर्ता का गुण से - तीन भेद हो जाता है।

ज्ञान- सात्विक सबमें एक - राजसी अलग-अलग दिखलाता है।।

ज्ञान तामसी देहभाव में - ही सीमित रह जाता है।

कर्म- बिन राग, द्वेष, फल, अहंकार का - नियत कर्म सत होता है।।

अहंकार, फल, बहुत परिश्रम - युक्त राजसी होता है।

परिणाम, हानि, हिंसा विचार बिन - कर्म तामसी होता है।।

कर्ता- अहंकार, आसक्ति हीन - जो सिद्धि-असिद्धि सम होता है।

धैर्य और उत्साह युक्त - वह कर्ता सात्विक होता है।।

राजस कर्ता, हर्ष शोक, फल - आसक्ती युत होता है।

जो दीर्घ सूत्री, अयुक्त, आलसी - धूर्त, विषादी होता है।।

अन्य जीविका करे नाश वह - कर्ता तामस होता है।

बुद्धि और धृति करण में है - सुख ज्ञेय तत्व में आता है।।

त्रिगुण के कारण इन तानों का - तीन भेद हो जाता है।

बुद्धि - प्रवृत्ति-निवृति व बन्ध मोक्ष - जो कार्या-कार्य को ज्ञाता है।
बुद्धि भया-भय को जो जाने - लक्षण सत में आता है।।

धर्मा-धर्म उचित निर्णय ना - रज बुद्धि से हो पाता है।

बुद्धि सदा विपरीत जो जाने - तब तामस हो जाता है।।

धृति - मन, इन्द्रिय की क्रिया धृति सत - अटल ध्यान में धरती है।

धर्म, अर्थ, काम, आसक्ति - धृति राजसी रखती है।।

निद्रा, भय, चिंता, दुःख धारण - धृति तामसी करती है।

सुख- भजन, ध्यान, अभ्यास जनित जो - प्रथम कष्ट प्रद होता है।।

करे दुःखों का अन्त अन्त में - वह सात्विक सुख होता है।

इन्द्रिय के संयोग से जो सुख - प्रथम अभियमय होता है।।

होता है परिणाम गरल सम - वह राजस सुख होता है।

निद्रा लस्य, प्रसाद जनित सुख - तामस सुख कहलाता है।।

त्रिगुण रहित ना तीन लोक में - सत्व कोई रह पाता है।

अर्जुन, रज, तम का निषेधकरि - साधक सत अपनाता है।।

सम्बन्ध :

अब श्री भगवान पुनः उसी त्याग रूप कर्म योग का प्रकरण आरम्भ करते हुए ब्राह्मण, क्षत्रिय, वैश्य और शूद्र के स्वाभाविक नियत कर्म बतलाते हैं।

पद ५

श्लोक (४१ से ४८ तक)

ब्राह्मणक्षत्रियविशां शूद्राणां च परन्तप ।
कर्माणि प्रविभक्तानि स्वभावप्रभवैर्गुणैः ॥41॥

शमो दमस्तपः शौचं क्षान्तिरार्जवमेव च ।
ज्ञानं विज्ञानमास्तिक्यं ब्रह्मकर्म स्वभावजम् ॥42॥

शौर्यं तेजो धृतिर्दाक्ष्यं युद्धे चाप्यपलायनम् ।
दानमीश्वरभावश्च क्षात्रं कर्म स्वभावजम् ॥43॥

कृषिगोरक्ष्यवाणिज्यं वैश्यकर्म स्वभावजम् ।
परिचर्यात्मकं कर्म शूद्रस्यापि स्वभावजम् ॥44॥

स्वे स्वे कर्मण्यभिरतः संसिद्धिं लभते नरः।
स्वकर्मनिरतः सिद्धिं यथा विन्दति तच्छृणु ॥45॥

यतः प्रवृत्तिर्भूतानां येन सर्वमिदं ततम्।
स्वकर्मणा तमभ्यर्च्य सिद्धिं विन्दति मानवः ॥46॥

श्रेयान्स्वधर्मो विगुणः परधार्मात्स्वनुष्ठितात् ।
स्वभावनियतं कर्म कुर्वन्नाजोति किल्बिषम् ॥47॥

सहजं कर्म कौन्तेय सदोषमपि न त्यजेत्।
सर्वारम्भा हि दोषेण धूमेनाग्निरिवावृताः ॥48॥

श्री भगवान बोले

नियत कर्म वर्णन में चारी।

गुण, कर्मो के विभाग द्वारा रचे वर्ण प्रभु चारि-विचारी।।

सत प्रधान से वर्ण ब्राह्मण - नियत कर्म तप शौच अचारी।

सम, दम, शान्ति, सरलता, आस्तिक - ज्ञान और विज्ञान विचारी।।

सत मिश्रित रज प्रधान गुण भै - क्षत्रिय वर्ण विभाजनकारी।

शौर्य, दान, धृति, तेज चतुरता - स्वामी भाव गुण नियत करारी।।

तम मिश्रित रज प्रधान गुण से - वैश्य वर्ण कुल का अधिकारी।

कृषि, व्यापार और गो पालन, नियत कर्म है वैश्य मक्षारी।।

रज मिश्रित तम प्रधान गुण से - रचना शूद्र वर्ण करिडारी।

नियत कर्म में सब वरणो की - सेवा शूद्र कर्म निरधारी।।

भये उत्पन्न जीव सब जिससे - जो व्यापत सब जगत मझारी।

निज-निज नियत करम नर पूजत - होत परम पद का अधिकारी।।

आन से हो गुण हीन धर्म निज - फिर भी होत परम हितकारी।

कर्म, दोष, मय अग्नि, धूम सम - नियत कर्म गति सहज नियारी।।

विगुण स्वधर्म में परण भी, अर्जुन - होत सदा मुह मंगलकारी।

नियत कर्म वर्णन में चारी।

सम्बन्ध : अब श्री भगवान उपासना और विवेक, वैराग्य सहित एकान्त मे रह कर साधना करने की विधि व फल बतलाने के लिए पुनः सांख्य योग का प्रकरण आरम्भ करते हैं।।

पद ६

श्लोक (४९ से ५५ तक)

असक्तबुद्धिः सर्वत्र जितात्मा विगतस्पृहः।
नैष्कर्म्यसिद्धिं परमां संन्यासेनाधिगच्छति ॥49॥

सिद्धि प्राप्तो यथा ब्रह्म तथाप्नोति निबोध मे ।
समासेनैव कौन्तेय निष्ठा ज्ञानस्य या परा ॥50॥

बुद्धया विशुद्धया युक्तो धृत्यात्मानं नियम्य च।
शब्दादीन्विषयांस्त्यक्त्वा रागद्वेषौ व्युदस्य च ॥51॥

विविक्तसेवी लघ्वाशी यतवाक्कायमानसः।
ध्यानयोगपरो नित्यं वैराग्यं समुपाश्रितः ॥52॥

अहङ्कारं बलं दर्प कामं क्रोधं परिग्रहम्।
विमुच्य निर्ममः शान्तो ब्रह्मभूयाय कल्पते ॥53॥

ब्रह्मभूतः प्रसन्नात्मा न शोचति न काङ्क्षति ।

समः सर्वेषु भूतेषु मद्भक्तिं लभते पराम् ॥54॥

भक्त्या मामभिजानाति यावान्यश्चास्मि तत्त्वतः।
ततो मां तत्त्वतो ज्ञात्वा विशते तदनन्तरम् ॥55॥

श्री भगवान बोले :

परम सिद्धि नैष्कर्म संन्यास द्वारा। पाता है संन्यासी जिस विधि के द्वारा।।

उसे सुन तूँ संक्षेप में मेरे द्वारा - परम सिद्धि नैष्कर्म संन्यास द्वारा। पाता है संन्यासी जिस विधि के द्वारा।।

अनाशक्ति सर्वत्र बुद्धि रखने वाला।

व अंत:करण पर विजय पाने वाला।।

तथा स्पृहा से रहित रहने वाला।

ब्रह्म प्राप्ति करता वही सांख्य द्वारा - परम सिद्धि नैष्कर्म संन्यास द्वारा। पाता है संन्यासी जिस विधि के द्वारा।।

हो विषयों का त्यागी विशुद्ध बुद्धि वाला।

सात्विक व नियमित हल्का आहार वाला।।

एकान्त शुद्ध देश में निवाश करने वाला।

तथा सात्विकी धारणा शक्ति द्वारा।। परम सिद्धि नैष्कर्म संन्यास द्वारा। पाता है संन्यासी जिस विधि के द्वारा।।

शरीर, मन व वाणी को वश रखने वाला।

अहंकार, बल व कामादि त्याग वाला।।

राग-द्वेष ,ममता रहित रहने वाला।

भली-भाँति वैराग्य का ले सहारा।। परम सिद्धि नैष्कर्म संन्यास द्वारा। पाता है संन्यासी जिस विधि के द्वारा।।

वो एकीभाव से ब्रह्म में रमने वाला।

न शोक न आकांक्षा, प्रसन्न चित्त वाला।। समस्त प्राणियों में हो सम भाव वाला।

प्राप्त होती परा भक्ति उस योगी द्वारा।। परम सिद्धि नैष्कर्म संन्यास द्वारा। पाता है संन्यासी जिस विधि के द्वारा।।

परा भक्ति द्वारा मैं जो हूँ व जितना।

मुझे तत्वतः जान जाता है उतना।।

तत्क्षण प्रवेश मुझमें पाता ज्ञान द्वारा।। परम सिद्धि नैष्कर्म संन्यास द्वारा। पाता है संन्यासी जिस विधि के द्वारा।।

सम्बन्ध : अब श्री भगवान अर्जुन को भक्ति प्रधान कर्म योग ग्रहण कराने के उद्देश्य से भक्ति प्रधान कर्म योग की महिमा कहते हैं।

पद ७

श्लोक (४८ से ५५ तक)

सर्वकर्माण्यपि सदा कुर्वाणो मद्व्यपाश्रयः।

मत्प्रसादादवाप्नोति शाश्वतं पदमव्ययम् ॥56॥

चेतसा सर्वकर्माणि मयि संन्यस्य मत्परः।
बुद्धियोगमुपाश्रित्य मच्चित्तः सततं भव ॥57॥

मच्चित्तः सर्वदुर्गाणि मत्प्रसादात्तरिष्यसि।
अथ चेत्त्वमहङ्कारान्न श्रोष्यसि विनङ्क्ष्यसि ॥58॥

यदहङ्कारमाश्रित्य न योत्स्य इति मन्यसे।
मिथ्यैष व्यवसायस्ते प्रकृतिस्त्वां नियोक्ष्यति ॥59॥

स्वभावजेन कौन्तेय निबद्धः स्वेन कर्मणा।
कर्तुं नेच्छसि यन्मोहात्करिष्यस्यवशोऽपि तत् ॥60॥

ईश्वरः सर्वभूतानां हृद्देशेऽर्जुन तिष्ठति।
भ्रामयन्सर्वभूतानि यन्त्रारूढानि मायया ॥61॥

तमेव शरणं गच्छ सर्वभावेन भारत ।
तत्प्रसादात्परां शान्तिं स्थान प्राप्स्यसि शाश्वतम् ॥62॥

इति ते ज्ञानमाख्यातं गुह्याद्गुह्यतरं मया ।
विमृश्यैतदशेषेण यथेच्छसि तथा कुरु ॥63॥

सर्वगुह्यतमं भूयः शृणु मे परमं वचः ।
इष्टोऽसि मे दृढमिति ततो वक्ष्यामि ते हितम् ॥64॥

मन्मना भव मद्भक्तो मद्याजी मां नमस्कुरु।
मामेवैष्यसि सत्यं ते प्रतिजाने प्रियोऽसि मे ॥65॥

सर्वधर्मान्परित्यज्य मामेकं शरणं व्रज।
अहं त्वां सर्वपापेभ्यो मोक्षयिष्यामि मा शुचः ॥66॥

श्री भगवान बोले :

सहज गुह्य गति भगित बतायी।

नियत कर्म करि मोहि समर्पित - आऊ शरण सब पाप ओरायी।।

मोहिं चितधरि करि नियत कर्म को - भक्त जात शाश्त पद पायी।

अहंकार वश यदि न सुनेगा - तौ जइहें परमार्थ नशायी।।

त्यागन चहत स्वधर्य मोह वश - पर स्वभाव वश त्यागी न जायी।

बध्य कर्मणा है स्वभाव से - जो करि विवस है देत लगायी।।

सब हिय बसि प्रभु निज माया से - रहत कर्म अनुसार नचायी।।

सब प्रकार तेहि शरण गये से - जात कर्मफल सकल नशायी।

शान्ति सनातन परम धाम को - भारत जात भक्त वह पायी।।

इस प्रकार अति गोपनीय यह - ज्ञान कहेऊँ मैं तोहि बुझायी।

मन विचारि भलि-भाँति ज्ञान यह - सोई करू जो तोहिं पार्थ सुहायी।।

स्वयं ही निश्चय करने को सुनि - चकित पार्थ मुख बात न आयी।

अन्तरयामी जानि दया करि - गीता सार कहत अलगायी।।

गुह्यन में अति गुह्य पार्थ तोहिं - परम रहस्य को देत जनायी।

अति प्रिय तुम यह अतिहित कारक - फिर भी कहऊँ रहस्य बुझायी।।

बनि मम भक्त करो मम पूजन - करु प्रणाम मुझमें मन लायी।

सब कर्तव्य कर्म तजि मुझमें - अर्जुन, जा, मम शरण में आयी।।

शोक न कर सम्पूर्ण पाप से - दूँगा तुझको मुक्त करायी।

सहज गुह्य गति भगित बतायी।

सम्बन्ध : अब श्री भगवान गीतोपदेश का उपसंहार करते हुए उसके अध्यापन और अध्ययन आदि का महात्म बतलाने के लिए पहले अनधिकारी का लक्षण बताते हुए उसे न सुनाने का निषेध करते हुए कहते हैं।

पद ८

श्लोक (६७ से ७२ तक)

इदं ते नातपस्काय नाभक्ताय कदाचन।
न चाशुश्रूषवे वाच्यं न च मां योऽभ्यसूयति ॥67॥

य इदं परमं गुह्यं मद्भक्तेष्वभिधास्यति।
भक्तिं मयि परां कृत्वा मामेवैष्यत्यसंशयः ॥68॥

न च तस्मान्मनुष्येषु कश्चिन्मे प्रियकृत्तमः।
भविता न च मे तस्मादन्यः प्रियतरो भुवि ॥69॥

अध्येष्यते च य इमं धर्म्यं संवादमावयोः।

ज्ञानयज्ञेन तेनाहमिष्टः स्यामिति मे मतिः ॥70॥

श्रद्धावाननसूयश्च शृणुयादपि यो नरः।
सोऽपि मुक्तः शुभाँल्लोकान्प्राप्नुयात्पुण्यकर्मणाम् ॥71॥

कच्चिदेतच्छ्रुतं पार्थ त्वयैकाग्रेण चेतसा।
कच्चिदज्ञानसम्मोहः प्रनष्टस्ते धनञ्जय ॥72॥

श्री भगवान बोले :

इसे पार्थ सबको कभी ना सुनाना।

जो तप से रहित हो ना उसको बताना, इसे पार्थ सबको कभी ना सुनाना।।

ना कहना उसे जिसमें भक्ति नहीं है - तथा जिसमें सुनने की चाहत नहीं है।।

जो लखे दोष मुझमें न चर्चा चलाना, इसे पार्थ सबको कभी ना सुनाना।

प्रेम से परम रहस्य युक्त शास्त्र गीता को - भक्तों में मेरे कहेगा पुरुष जो।।

असंशय उसे पार्थ मुझको है पाना, इसे पार्थ सबको कभी ना सुनाना।

उससे बड़ा प्रिय मेरा करने वाला - न हुआ अन्य भूँ पर न है होने वाला।।

परम धर्ममय शास्त्र गीता का गाना, इसे पार्थ सबको कभी ना सुनाना।

इसे अध्ययन मे पुरुष रत जो होता - ज्ञान यज्ञ से उससे पूजित हूँ होता।।

ये मत मेरा है - जिसको तुझसे बखाना, इसे पार्थ सबको कभी ना सुनाना।

श्रद्धा सहित दोष दृष्टि रहित हो - करेगा श्रवण शास्त्र गीता पुरुष जो।।

श्रेष्ट कर्मी लोकों को - उसको है पाना, इसे पार्थ सबको कभी ना सुनाना।

हे पार्थ, शास्त्र गीता को क्या श्रवण किया तूँ - एकाग्र चित्त हो कर इसको मनन किया तूँ।।

अज्ञान जनित मोह क्या धनंजय नशा ना, इसे पार्थ सबको कभी ना सुनाना।

पद ९

श्लोक ७३

अर्जुन उवाच।

नष्टो मोहः स्मृतिर्लब्धा त्वत्प्रसादान्मयाच्युत।

अर्जुन जी बोले :

आप की कृपा से है अच्युत हमारा।

नष्ट हो गया है, मेरा मोह सारा।।

स्मृति कोपा अब मैं संशय रहित हूँ।

आज्ञा आप की पालने को प्रवृत्त हूँ।।

पद १०

श्लोक (७४ से ७८ तक)

सञ्जय उवाच।

इत्यहं वासुदेवस्य पार्थस्य च महात्मनः।
संवादमिममश्रौषमद्भुतं रोमहर्षणम् ॥74॥

व्यासप्रसादाच्छ्रुतवानेतद्गुह्यमहं परम्।
योगं योगेश्वरात्कृष्णात्साक्षात्कथयतः स्वयम् ॥75॥

राजन्संस्मृत्य संस्मृत्य संवादमिममद्भुतम्।
केशवार्जुनयोः पुण्यं हृष्यामि च मुहुर्मुहुः ॥76॥

तच्च संस्मृत्य संस्मृत्य रूपमत्यद्भुतं हरेः।
विस्मयो मे महाराजन्हृष्यामि च पुनः पुनः ॥77॥

यत्र योगश्वरः कृष्णो यत्र पार्थो धनुर्धरः।
तत्र श्रीविजयो भूतिर्ध्रुवा नीतिर्मतिर्मम ॥78॥

संजय बोले :

हे राजन, श्री वासुदेव अर्जुन के द्वारा।

यह अद्भुत रहस्य युक्त संवाद सारा।। हे राजन, श्री वासुदेव अर्जुन के द्वारा।

श्री व्यास की कृपा से मैं - दिव्य दृष्टि द्वारा।।

सुना निज श्रवण से नयन से निहारा।।

ये संवाद श्रीकृष्ण अर्जुन का प्यारा, हे राजन, श्री वासुदेव अर्जुन के द्वारा।

अद्भुत रहस्य युक्त कल्याणकारी।

बार-बार सुमिरि-सुमिरि होत हर्ष भारी।।

वह रूप श्री हरी का - था अद्भुत नजारा, हे राजन, श्री वासुदेव अर्जुन के द्वारा।

इससे, हे राजन, योगेश्वर जिधर हैं।

तथा गाण्डीवधारी - धनन्जय जिधर हैं।।

उधर श्री विजय है - ये मत है हमारा, हे राजन, श्री वासुदेव अर्जुन के द्वारा।

***

यहां से नया चैप्टर शुरू कर रहे हैं... (गीता पदावली)

श्री हरि

ृ

मानसिक पंचोपचार पूजा (पद संख्या 1)

जय बोलो जय बोलो संतों जगदीश्वर जय बोलो।

कांकड़ पाथर का मंदिर तजि, मन मंदिर पट खोलो ।। जय बोलो...।।

काम, क्रोध मद, लोभ मैल को, वल वैराग्य वहोलो ।

मन मंदिर में ईश यजन करि, नयन नीर पग धोलो।। जय बोलो...।।

तत्व आकाश पुष्प अर्पित करि, भूमि की गन्ध गधोलो।

वायु तत्व की धूप चढ़ाके, तेज की दीप दिवोलो।। जय बोलो...।।

नीर तत्व नैवेद्य निवेदहु, शंखनाद धुन ओम की बोलो।

राम नरेश होहु अन्तर मुख, बाहर अब न टटोलो।। जय बोलो...।।

***

पद संख्या :-2

ऐ मन मम मति करहु मनन।

लूट मची चहुंओर देख, जो जस चाहत तस लूट मगन।

अनुचित उचित विचार ताख रखि, संचन चाहत केवल धन।।

तन छूटन की नियरात घरी, पर लोभ न छूटत कोटी जतन।।

दिन देख बहुत कम शेष बचे, यह लूट सरासर पागलपन।।

यदि लूटन है तो लूट ले रे मन, राम-नाम अनमोल रतन।।

रामनरेश छुटी सब ईंधन, संग निभाई तो एक भजन।।

ऐ मन मम मति करहु मनन।

***

पद संख्या :- 3

पिया संग प्रेम पेग प्रति पल वढाये जा।

विश्वास वृक्ष धारि, श्रद्धा सुभग डारी,

पटरा भगति पारि पिया को झुलाए जा।। पिया...।।

सुतरी साधना निवारि, चर्खी चित्त माहि डारि,

डोरी सुरति केरी बलमय बनाए जा।। पिया...।।

ध्यान कर डोरी धारि, पग अभ्यास पट द्दिढारी,

वीन में वैराग्य के धुन ओम की बजाये जा।। पिया...।।

पेंग ज्ञान वल डारि, मृत्यु मोक्ष अस्त्र मारि,

नाद-अनादि में नरेश मैं को भुलाये जा।।

पिया संग प्रेम पेग प्रति पल बढ़ाये जा।।

***

पद संख्या 4

भव बंधन वहु सुदृिढ़ बंधायो।

माया से रचि तिगुड़ डोरी में, अहंकार की गांठ लगायो।। भव...।।

ऐंठत काम, क्रोध, लोभ दे, डोरि बहुत मजबूत बनायो।

मैं पन की वह गांठ छुटत नहिं, तिगुण डोरि नहिं हटत हटायो ।। भव...।।

टूट न डोरि गांठ छूटत नहिं, यतन बहुत करि पार न पायो।

सम बुधि बल बिन गांठ छुटत नहिं, जो साधन बिन सुलभि न पायो।। भव...।।

साधन सार शरण रघुपति पद, शरणागत वत्सल कहलायो।

जो नरेश हरि शरण गए जब, बिना बेरि भव बेरि छुड़ायो।।

भव बंधन वहु सुदृिढ़ बंधायो।

***

पद संख्या :- 5

लेहु उवारि मुरारि दया करि।

लख चौरासी जनम अनेकन, हहरि गये हरि भव वेगारि करि ।। लेहु...।।

साधन एक न साधि सके प्रभु, मिलन चहत जब सुरति डोरी धरि।

राजा काम, लोभ सेनापति, विषय सेन संग चढ़ि आवत अरि।। लेहु...।।

जतन अनेक पार नहीं पावत, सुरति डोरी अरि तोरि देत धरि ।

पतित उधारन नाम कहावत, क्यों मम वेरि वेरि लावत हरि।। लेहु...।।

रामनरेश पतित अति आकुल, द्रवहु दया निधि चरण शरण करि ।

लेहु उवारि मुरारि दया करि।

***

पद संख्या :- 6

यदा-कदा यदि याद प्रभु तेरि आये, तो अंतस में मेरे ये चिंता सताये।।

तेरी याद हमको प्रभु है न आती, मगर हम तुझे हर घरी याद आये,

तो फिर सोचता हूँ ये होता है कैसे, मैं भूला हूँ खुद या विवश हो भुलाये।।

भ्रमित हो मेरी बुद्धि ठग सी गयो तव, तेरी ही कही बात फिर याद आये।

"ये स्म्रिति व ज्ञानादि होता है मुझसे" तो तै है कि भूले हैं तेरे भुलाये।।

ये मति मेरी ऐसी विमल कर दो भगवन, कि तेरी याद हमको हमेशा सताये।

यदा-कदा यदि याद प्रभु तेरि आये...।।

***

पद संख्या :- 7

विरवा भगति कै तबै महमहाई, विश्वास वृन्त पर जब श्रद्धा सुमन फुलाई।

अज्ञान की आंधी में यदि वृन्त गड़बड़ाई,

गिर जायेगी कली तब ना पौध महमहाई।।

यदि नाम जप के जल से हो पौध की सिंचाई,

नित साधना जमीं में हो ज्ञान की गुड़ाई।।

लोभादि खर उगे तो हो नियम की निकायी,

विषयों की बीमारी में संयम की हो दवाई।।

यदि वाटिका की ऐसी होती रहे कमाई,

तो विरवा वलिष्ट होगा ना वृन्त गड़बड़ाई।।

तब कली खिल उठेगी और पौध महमहाई,

जब खिले पुष्य पर गुरु अली हो के आयी।।

तब होई निचेतन नरेश फूलमे में फल आई,

विरवा भगति कै तरै महमहाई।।

***

पद संख्या :-8

निज सम सब समान गुड़ मिलही।

नियमन श्रष्टा श्रिष्टि श्रिजे यह श्रिष्टि चक्र नियमन में चलहीं।।

जढ़ चैतन्य पदार्थ आदि जग सव समान गुण सहजहि जुड़ही।

नीर मिलत जस नीर संग पर, नीर तेल गुड़ भिन्न न मिलही।

रंग एक वक हंश होत पर, गुड़ विपरीत प्रीति नहि करही।।

संत रहहि जस संत संग, पर दुर्जन सज्जन संग न रहही।।

हरि संग हेतु संत जन तेहिते, हरि गुन हित नित साधन करही।

हेतु रहित दयाल समदर्शी, सव हिय में निवाश प्रभु करही।।

दीन दयाल होत गुड़ प्रभु के, वेद पुराण संत सव कहही।

निज मह श्रिजहु "नरेश" नाथ गुण, आई आप आपहि संग करही।।
निज सम...।।

***

पद संख्या :-9

कहि सुनि जानत मानत नाही।

फल तस करम वीज जस जानत, पर परतीत लियावत नाही।।

भरत करत जस कहत फिरत अस पर वरतत चित लावत नाही

लोभ निशा घन तिमिर मोह में, ज्ञान नयन लखि पावत नाही।

फसल फलत तस बीज ववत जस, बीज भिन्न फल आवत नाही।।

धरम क्षेत्र तस करम बीज जस, फल आवत बदलावत नाही।।

स्वर्ग नर्क नरलोक फलत फल मुक्ति मधुर फल आवत नाही।

मुक्ति मधुर फल अति अद्भुत-विन वाझ वृक्ष फलि पावत नाही।।

फल असंग हरि कर्म वीज-विन वाँझ वृक्ष उगि पावत नाही।।

विन नरेश अस वीज वये कोई मधुर फल पावत नाही।।

कहि सुनी जानत मानत नाही।।

***

पद संख्य :-10

वीजांकुर सम बुधि करमन में।

वीजन में जस अंकुर राजत, मूल वीजांकुर वीज उगन में।।

करम वीज बुधि होति अंकुरित, जस-जस बुधि तस लता उगन में।

त्रिगुड़ युक्त वुधि, त्रिविध अंकुरण, त्रिविध लता फल त्रिविध फलन में।।

सत्व स्वर्ग फल, तमो तीर्यक, रजो हेतु नरलोक लहन में।

निज स्वधर्म में फल असंग वुधि, युक्त वीजांकुर त्रिगुण तरन में।।

त्रिगुणा तीत उगई वुधि अंकुर, तो मुक्त मधुर फल लगत लतन में।

सम सर्वत्र होय वुधि जाकी, त्रिगुणातीत नरेश नरन में।।

***

पद संख्या:-11

कर्म है सकल श्रिष्टि निरमाता।

सूक्ष्म जगत को द्विष्य जगत ही ज्ञान दृष्टि में दिखलाता।।

एक रूपक से मैं मति थोरी, कर्म तत्व को दरशाता।

काष्ट तत्व पर उपकरणों से, कर्म है बढ़ई करजाता।

सोई कर्ता उपकण कर्म सोई, नाम रूप है भिन्न बनाता।

कर्म पूर्व मति में जो आकृति, कर्म स्वरूप सो प्रगटाता।।

कर्म वीज में वुधि अंकुर है, इससे सिद्ध है हो जाता।

आत्म तत्व पर माया वढ़ई, त्रिगुण कर्म करि विश्व बनाता।।

पर मूल तत्व में कर्म न कोई, परिवर्तन है कर पाता।

नाम रूप दी कर्म काष्ट को, काष्ट न कंचनादि हो पाता।।

प्रकृति के गुड़कर्मो वैसे, पुरूष न विगलित हो पाता।

जैसे दीपक के जलते ही, अंधकार है मिट जाता।।

मायातिमिर भी ज्ञान दीप से, नाश नरेश है हो जाता।। कर्म है...।।

***

पद संख्या :- 12

सतत वधन नर करम वधन से।

धर्म क्षेत्र में कर्म वीज वो, भलो बुरो उभय मिलन से।

बुरो वधन गिरि अधोपतन को, भलो वधन है स्वर्ग सुखन से।।

मिश्रित उभय वंधाव मध्य में, वचिन सकत कोई कर्म वधन से।

विनु अकर्म वधन नहिं छूटत, सतत वधन नित कर्म नयन से।।

प्रकिृति गुडन विन कर्म न बीतत, वीज ववत वच कौन यतन से।

फल तजि नियत कर्म करि अर्पित, वचई सो गीता ज्ञान जतन से।।

फल रागी नर वंधत करम से, मुक्त असक्त फल भलो वुरन से,

फल तजि नियत "नरेश " कर्म करू, मुक्ति युक्ति येही योग चलन से।।

***

पद संख्या :-13

प्र. कर्म वंधन वनि पावत कैसे?

जढ़ तन से, जढ़ कर्म होत सव, जढ़ चैतन्य वधावत कैसे?

अंत छुटत तन कर्म द्दिष्य में, आत्म संग करि पावत कैसे?

नाम रूप परिवर्तन कारण, तो फिर कर्म कहावत कैसे?

उ. कर्म से वनत स्वभाव सिद्ध सच, जो देही अरुझावत ऐसे।

पुष्पित हो कर पुष्प पौध में, सुमन सुगन्ध सुहावत जैसे।।

तन का तना करम कुषु मन में, भाव गन्ध उपजावत वैसे।

पवन पौध से सुमन गन्ध को, संग उड़ाई लियावत जैसे।।

आत्म वायु संग भाव गन्ध भी, देही संग निवाहत वैसे।

सम गुण के परमाणु आकर्षित होत, प्रकिृति नियमावत ऐसे।।

नियम वद्ध निजसम परमाणु , भाव खिंचाई लियावत वैसे।

भाव नुकूल नरेश योनि दे, भवसागर भरमावत ऐसे।।

***

पद संख्या :-14

(क्षेत्र श्रेत्रज्ञ विचार)

क्षेत्र और श्रेत्रज्ञ ज्ञान का गीता गान यही है।

पंच भूत इन्द्रिय एकादश, तम्मात्रये पांच कही हैं।।

सुख, दु:ख, इच्छा द्वेष, चेतना, धिृति व बुद्धि लयी है।

अहंकार, संघात तत्व, ये क्षेत्र विकार मयी है।।

कर्मेंद्रिय मन से प्रेरित हो, कर्ता कर्म हुई है।

ज्ञानेन्द्रिय पदार्थ ज्ञान का, साधन मात्र रही हैं।।

शब्द, रूप, स्पर्श, गन्ध, रस, परिचय मात्र यही है।

पर पदार्थ का स्वरूप सच्चा, इन्द्रिय गम्य नहीं है।।

मन, वुधि, अहंकार, चेतना, गुड़ पे क्षेत्र जयी है।

सुख, दु:ख, इच्छा द्वेष, द्वन्द को, मन की वृिति दयी है।।

संघात सव तत्व समुच्च्य, धिृति सव धारण शक्ति कही है।

इन सबका संचालक ज्ञाता, जो नरेश क्षेत्रज्ञ वही है।।

***

पद संख्या :-15

(धर्म अधर्म का यथार्थ निर्णय)

क्षेत्र के तत्व समुच्चय में से, करना ज्ञात यही है।

कार्या-कार्य कर्म का निर्णय, करता कौन सही है।।

यद्यपि मन की प्रेरकता विन, इन्द्रिय करती कर्म नहीं हैं।

मन की वृिति विकार युक्त, मन इससे मान्य नहीं है।।

अन्धी होती मनो वृित्तियां, जो सहाय वुधि होति नहीं है।

सारा-सार विचार करति वुधि, मन संकल्प विकल्प मयी है।।

व्यवसायी वुधि मात्र एक है, वुधि अनेक वासना मयी है।

व्यवसायी वुधि आत्मनिष्ठ हो, तव निर्णय करि सकत सही है।।

हो स्थिर यदि आत्म निष्टि वुधि, तो वासन मयि मन रहत सही है।

एक देही सब देह जो जानति, आत्म निष्टि वुधि होति वही है।।

धर्मा-धर्म नरेश विवेकी, आत्म निष्टि वुधि और नहीं है।

***

पद संख्या :- 16

(आत्म ज्ञान)

आत्म तत्व को तत्व विवेचन द्वारा जाना जाता है।

तत्वों का संघात रूप यह, तन ही क्षेत्र कहाता है।।

क्षेत्र का सब व्यापार चेतना द्वारा ही हो पाता है।

थिर चेतना सुषुप्ता में ना, मैं का ज्ञान रह पाता है।।

है विशिष्ट गुण जढ़ पदार्थ का, सिद्ध स्वयं हो जाता है।

बुद्धि और मन विचार साधन, क्षेत्र में पाया जाता है।।

अहंकार मैं, मेरा, तू, तेरा का भेद कराता है।

कौन हूं मैं इस बात का, लेकिन ना निश्चय हो पाता है।।

मन, वृद्धि ज्ञानेन्द्रि के द्वारा, द्रव्य ज्ञान हो जाता है।

ज्ञान कराते हैं किसको, यह ज्ञात नहीं हो पाता है।।

धृिति है धारण शक्ति और, संघात समूह कहाता है।

बिना सूत्र सव सशव तत्त्व का संघात नहीं बन पाता है ।।

कौन सूत्र है इसमें, इसका ज्ञान नहीं हो पाता है।

द्रव्य और गुण भिन्न-भिन्न, ना किसी तरह रह पाता है।।

गुण के लिए अधिष्ठान, अति आवश्यक हो जाता है।

कौन है अधिष्ठान इनका, ना समाधान हो पाता है।।

है इस तरह अज्ञेय तत्व जो, ज्ञान गम्य कहलाता है।

जो ज्ञाता संघात सूत्र जो, मैं विहीन हो जाता है।।

जो अधिष्ठान है नरेश सवका, वह क्षेत्रज्ञ कहाता है।

***

पद संख्या :-17

ऐ मन तू मूरख अज्ञानी, ऐ मन तू मूरख अज्ञानी।

जो है अनित रमत तू तामें, नित की सुरति भुलानी।। ऐ..।।

हर संयोग वियोग सुनिश्चित, मैं मेरा जो मानी।

का मनवां तोरी आज तलक ये, मोह निशा न शिरानी।। ऐ..।।

था संयोग न जन्म पूर्व में, अंत छुटत सब जानी।

वर्तमान में छुटत, निरन्तर, तामें ममता आनी।। ऐ..।।

ममता रखु मन जगदीश्वर में, समता सव जग पानी।

रमता सव में सम नरेश प्रभु, विषम भाव विसराव अयानी ।।

ऐ मन तू मूरख अज्ञानी।।

***

पद संख्या :- 18

अक्षय सुख जन चहहिं सकल ही।

नित सुख अनत-अनत ही ढूंढत, मन्दवुद्धि जन जाति न सकही।

नित सुख रहत सदा सत माही, असत माहि सुख कवहुं न रहहीं।।

है असत्य व अनित कामना, निष्कामता सत्य व नितही।।

रहत तत्व जो पूर्व अंत में, मध्य में निश्चय रहत सहज ही।

था निष्काम सकाम पूर्व में, प्रविृति निविृति निष्काम निवसहीं।।

भाव सकाम वनत अरु विनसत, निष्कामता सदा थिर रहहीं।

वसहि अथिर सुख अथिर सकामहिं, नित निष्काम अक्षय सुख वसहीं।।

अथिर जगत में थिर सुख चाहत, ताते थिर सुख पाय न सकहि।

काम रहे पर शान्ति मिलत नहिं, शान्ति विना सुख कवहुं न मिलही।।

फल तजि नियत करम करि वुध जन, गति निष्काम नरेश अरजहीं।

अक्षय सुख जन चहहिं सकल ही।।

***

पद संख्या :- 19

सुनो सुनाऊं एक कहानी।

दुर्जय काम कला दरसाऊं, धर्मशील नृप थे एक ज्ञानी।।

नाम था महाराज चेतन सिंह, जिनकी मध्य देश रजधानी।

सचिव प्रधान ज्ञान सागर जी, सह मंत्री चंचल सिंह शानी।।

दश जनपद में वंटा राज था, दश थे जिलाधीश गुण खानी।

जग मोहन सरकार ठगों का, निज व्यापार करन मन आनी।।

लालच दे मिलि जिलाधीश से, अनुमति मांगत सरल सुवानी।

मैं समर्थ नहिं वड़ साहब विन, अस कहि चंचल सिंह ढिंग आनी।।

चंचल चले ज्ञान सागर ढिग, लोभ में प्रिय जगमोहन जानी।

दुर्बल हृदय ज्ञान सागर जी, करि मीमांश द्दिढ़ रहत न ठानी।।

पाय प्रलोभव सहमति सबकी, फंसे ज्ञान सागर भल जानी।

विनय किये जा महाराज से, दी अनुमति सव सम्मति मानी।।

पा अनुमति निज जाल बिछाया, लूटै लाग प्रजा मन मानी।

दुर्व्यसनी कुमार्ग गामी करि, निज वल वढ़ई छीनी रजधानी।।

करि वलहीन नरेश नृपति को, नजर कैद कीन्हेसि तव आनी।

सुनो सुनाऊं एक कहानी।।

चेतन सिंह : आत्मा

ज्ञान सागर : बुद्धि

चंचल सिंह : मन

दश जिला :

जिलाधीश : इन्द्रय स्थान

नजर कैद : नर्क में डाला जाना

***

पद संख्या :- 20

पांचों विहिहिनियां भइनी मोर सवतिनियां।

पिया बेल्हमउनी मोरा डारि के मोहनियां।।

पहली सुना के मोहै रस भरी वनियां,

दूजी परसावैतन भइनी कमिनियां।।पि...।।

तिसरी दिखा के मोहै रुपवा मोहनियां,

चौथी चखावैरस वनि रसखनियां।।पि...।।

पांचवीं देलै गन्ध वनल वाटी जस मालिनियां,

पिया वस कईनी सखी एन्है नै ठगिनियां।। पि...।।

होये ना नरेश देनी पिया से मिलनियां,

पांचौ मिलि माटी कइनी हमरी जवनियां।। पि...।।

***

पद संख्या :-21

क्षर श्रिष्टि विचार :- (क)

सम्मति शात्र श्रिटि क्षर माहीं।

है सत्कार वाद सिद्धांत की, कुछ ना से कुछ होत है नाहीं ।।

प्रश्न उठा जग उपजा कैसे, जो लखात इन नयनन माहीं।

सांख्य शास्त्र सिद्धांत कार्य गुण, सदा विराजत कारण माहीं।।

व्यक्त प्रकिृति पदार्थ गुण निश्चय, रहत अव्यक्त प्रकिृति गुण माहीं।

प्र: मूल प्रकिृति है एक साम्य गुण, व्यक्त में क्यों नानत्व लखाहीं।।

उ: पूर्ण और निकिष्ट अवस्था, है मिलती सव द्रव्यन माहीं।

बढ़ती हुई प्रवृन्ति पूर्ण को, रहति निकृिष्ठ अवस्था माहीं।।

पूर्ण सतोगुण निकिृष्ठ तामसी, उर्ध्व प्रविृति राजसी कहाहीं।

रहते सदा संग तीनों गुड़, जग के सकल पदारथ माहीं।।

त्रिगुड़ युक्त है मूल प्रकिृति भी, साम्य रहति गुण हलचल नाहीं।

गुण क्षोभिणी साम्यता त्यागति, गुण परिणामवाद चलि जाहीं।।

प्रवित्यात्मक रज गुण कारण, नव पदार्थ जग जन्मत जाहीं।

न्यूनाधिक त्रयगुण मिश्रण से, भिन्न-भिन्न गुण द्रव्य रचाहीं।।

गुण परिणाम वाद न्याय से, नरेश यह क्षरश्रिृषिट श्रिजाही ।

सम्मति शास्त्र श्रिृष्टि क्षर माही।।

***

पद संख्या :- 22

अक्षर विचार (ख)

अक्षर में मति शास्त्र की है जो ?

प्रकृति को खुद का ज्ञान न होता, क्योंकि प्रकृति जढ़ है जो।।

ज्ञेय संग में ज्ञाता भी है, इससे होता ज्ञात है जो।

प्रकृति अचेतन पुरुष है चेतन, अन्धे-लंगड़े सम हैं दो।।

अन्धी प्रकृति कर्म की कर्ता, साक्षी पुरुष असाधन है जो।

चेतन के संयोग के कारण, प्रक्रिति होता कर्म है जो।।

निर्गुण निर्विकार है ज्ञाता, गुण मयी प्रकृति विकारी है जो।

निश्चय होगा द्रव्य कोई फिर ज्ञाता का आधार है जो।।

क्योंकि ज्ञान ठहर ना पाता, ना पाता आधार है जो।

प्रकृति पुरुष से उत्तम है वह, पुरुषोत्तम कहलाता है।।

प्रकृति वृहम की अतर्क्य माया, पुरुष वृहम का अंश है जो।

प्र : भैं निराकार से साकार कैसे, विरुद्ध न्याय सत्कार है जो ?।।

उः सत्कार वाद चलता न यहां, एक दृष्टा है एक दिव्य है जो।

कार्य व कारण सम श्रेणी पर, गुणोत्कर्ष चलता है जो।।

अज्ञ इन्द्रियां अविकारी पर, करती अध्यारोप है जो।

सूर्य प्रकाश शब्द दोनों गति, सिद्ध है भौतिक शास्त्र से जो।।

पर शब्द कर्ण को प्रकाश नयनन अलग-अलग अनुभव है जो।

ना यथार्थ अनुभव इन्द्रिन का, इससे होता सिद्ध है जो।।

कहते वियर्त वाद हैं इसको, डोरि सर्प सम भासत है जो।

जो खुद है सबका ज्ञाता, वह अकह अगम्य नरेश है जो।।

***

पद संख्या :-23 (क)

(तत्वों की उत्पत्ति)

चित्त शक्ति रेतस श्री हरि का, मूल प्रकिृति में हवन हुआ।

मूल प्रकिृति से तेजो मय तव, महतत्व उत्पन्न हुआ।।

महतत्व जब हुआ विकिृत तो, अहंकार का श्रिजन हुआ।

वैकारिक, तैजस, तामस का, अहंकार में भेद हुआ।।

वैकारिक मन, तैजस बुद्धि, तम से शब्द तन्मात्र हुआ।

विकिृत हुआ तन्मात्र शब्द तो, पैदा यह आकाश हुआ।।

नभ तन्मात्र स्पर्श बनाया, जिसके द्वारा वायुहुआ।

वायु से हुई रूप तन्मात्रा, जिसके द्वारा तेज हुआ।।

तेज विकिृति से रस तन्मात्रा, रस के द्वारा नीर हुआ।।

नीर से हुई गन्ध तन्मात्रा, जिससे भूं आकार हुआ।

महतत्व, अहंकार, भूत का , यूं नरेश विस्तार हुआ।।

1 महतत्वः समष्टि बुद्धि

2 भूतः आकाश, वायू, अग्नि, जल व भूमि

***

पद संख्या : 24 (ख)

(विराट पुरुष की उत्पत्ति)

महतत्व, अहंकार, भूत, आपस में मिल न सके जव।

काल, अदिष्ट सत्वादि गुणों से, प्रभु प्रवेश किया है तव।।

अण्ड विशेष बना जिससे, अभिव्यक्त विराट हुआ है तव।

पुरुष विराट में चौदह भुवनों का विस्तार हुआ है तव।।

जिसके चारों तरफ दशगुणित सप्त आवरण घिरे हैं सव।।

क्रमशः जल, अग्नि, वायू, नभ, अहंकार, महतत्व, प्रकृिति तव।

अण्ड विशेष से निकल प्रभु ने, पुनः प्रवेश किया है जव।।

प्रथम हुआ मुख वाकेन्द्रिय, अभिमानी अग्नि देव हुआ तव।

नथने घाणेन्द्रिय समीर व, नेत्र नेतेन्द्रिय सूर्य हुआ तव।।

कर्ण श्रोतेन्द्रिय, दिग देवता, त्वक स्पर्श सेन्द्रिय औषधि सव।

लिंग, वीर्य-जलदेव हुए व, गुदा अपान वायु मृत्यु तव।।

हुआ हाथ बल इन्द्रदेवता, चरण गति श्री विष्णु हुए तव।

हुई नाड़ियां रुधिर व नदियां, पेट छुधा सागर उपजा तव।।

हृदय हुआ मन देव चंद्रमा, हृदय, वुद्धि ब्रह्मा प्रगटा तव।

अहंकार भै रुद्र देवता, चित्त क्षेत्रज नरेश हुआ तव।।

***

पद संख्या :-25

स्वभावजा श्रद्धा :-

सत, रज, तम, श्रद्धा स्वभावजा।

पूर्व जन्म संस्कार कर्म से, उपजति तन श्रद्धा स्वभावजा।।

शास्त्राध्ययन संत संगति से, उपजति जो श्रद्धा सो शास्त्रजा।

त्रिगुण युक्त श्रद्धा स्वभावजा, श्रद्धा त्रिगुणातीत शात्रजा।।

राक्षस. यक्ष यजति रज श्रद्धा, देव यजति श्रद्धा गुण सतजा।

प्रेत, भूत गण यजति तामसी, लक्षण यह स्वभाव गुड़ उपजा।।

यजत ब्रम्ह करि यज्ञ त्यागि फल, सो श्रद्धा पुत पुरुष शास्त्रजा।

सत्य स्वरूप होति श्रद्धा तन, जोइ श्रद्धा सोई होत से मनुजा।।

जेहि श्रद्धा युत होत नरेश जो, सोइ गति सो जन पावहिं सहजा।

सत, रज, तम, श्रद्धा स्वभावजा।।

***

पद संख्या :- 26

(श्रिष्टि उत्पत्ति क्रम)

येहि क्रम श्रष्टा श्रिष्टि श्रिजादी।

निर्गुण निराकार वृहम से, प्रभवी प्रकिृति अव्यक्त अनादी।।

त्रिगुण साम्य वृद्धि हुई प्रकिृति से, वुधि ने अहंकार जन्मादी।

अहंकार ने साम्य प्रकिृति की, एक रूपता भंग करा दी।।

नव पदार्थ निरमन की शक्ति, मूल प्रकिृति को प्राप्त करा दी।

गुड़ परिणाम वाद न्याय से, श्रिष्टि विभाजन द्विविध करा दी।।

सात्विक अहंकार से सेन्द्रिय, तमस निरोद्रिय श्रिष्टि वना दी।

अहंकार से शब्द तन्मात्रा, तन्मात्रा ने नभ निरमा दी।।

नभ से वायू, वायू से अग्नी, अग्नी, जल, जलभूं उपजा दी।

औषधि भूं से अन्न औषधि से, अन्न पुरुष (उत्पत्ति करा दी)।।

येहि क्रम से नरेश श्रृष्टा ने, यह अद्भुत संसार सजा दी।

श्रिष्टि श्रिजन विलोम श्रृष्टा ने, श्रिष्टि विनाश नियम नियमा दी।।

***

पद संख्या : 27

असन जठर विणु पचि नहिं पावै।

जठर अगिन विनु असन पचत नहिं, ज्ञान भगति विनु पचि नहिं पावै।।

ग्रसत असन तन तृप्ति हेतु जो, ताहि उदर जठराग्नि पचावै।

आत्म तृिप्ति लगि ज्ञान ग्रसत जो, भगति जठर वुधि उदर पचावै।।

जठर अगिन विनु असन अपच हो, जस तन विविध व्याधि उपजावै।

भगति जठर विनु ज्ञान असन तस, वुद्धि उदर जव पचिनहिं पावै।।

अपच ज्ञान तन अपच असन सम, देही दुःख वहु भांति वढावै।

अस विचारि वुध राम भगति हित, नित चित चरण नरेश लगावै।।

***

पद संख्या : - 28

असन उदर पचि शक्ति श्रिजावै।

आत्म शक्ति तन शक्ति शब्द, दो भिन्न भिन्न शक्ति दरशावै।।

अन्न आदि तन असन होत जस, आत्म असन अध्यात्म कहावै।

तन में शक्ति असन पचिलावैं, आत्म शक्ति अध्यात्म वढावै।।

असन पचे विन शक्ति श्रिजत नहिं , अपच होय तन दुःख उपजावै।

आत्म असन अध्यात्म पचे नहिं, तो देही दुःख दून वढ़ावै।।

श्रवण मुखन अध्यात्म अमिय रस, वुद्धि उदर में डारि पचावै।

उपजति आत्म शक्ति देही में, जो अलखहिं विनु आंख लखावै।।

अधम सोनर जो निज देही को, आत्म असन नहिं पान करावै।

धन्य सोनर नरेश जग माहीं, जेहि अध्यात्म अभिया रस भावै।।

***

पद संख्या :- 29

(सत्यम् शिवम् सुन्दरम्)

मनुष्य मानवता की सर्वोच्च आकांक्षा है,

सत्यम् शिवम् सुन्दरम् त्रिवेणी द्वारा

प्रचारित हुआ है ये भारत में अपने,

महर्षि देव-ऋषि ठाकुर के द्वारा।

ये जीवन सफलता का आधार सत्य है,

पर सत्य बोलने की जो है हिम्मत प्यारा,

अनुभव कर बाध्य, सत्य प्रिय हित न्याय,

इन शब्दों में श्री कृष्ण ने भी गीता में कहा।

दृष्टि सम्यक् दृष्टि से, सुकर्म के से व्यवहार,

दुराचार छोड़ दो है – विद्वत् कथन उच्चारा।

सत्य बोलो पर हो हितकारी, सुन्दर बोलो द्वारा

यही पुराना नारा मिलता,

सत्यम् शिवम् सुन्दरम् द्वारा।

***

पद संख्या :-30

तन वसनन सम आत्म वसन तन।

तन वसनन जस जीर्ण तजत तस, देही त्यागत आत्म वसन तन।।

धन मुद्रा दे वसन लेत जस, सस्ता, महंगा मध्यम जस धन।

धन श्रद्धा से तन तस कीनत, पावत तस तन जस श्रद्धा धन।।

तन तीर्थक तामस श्रद्धा से, सात्विक श्रद्धा देत देव तन।

तन नर देति राजसी श्रद्धा, करम दुकान विकत येहि विधि तन।।

जन जो युक्त शात्रजा श्रद्धा, वह नहीं लेत नरेश जनम जन।

तन वसनन सम आत्म वसन तन।।

***

पद संख्या :-(31)

(अष्टांग योग)

सजन मिलन की साज सजावत।

प्यारी पिया पियारी लगन को, वस्त्राभूषण वदन सजावत।।

यम अंजन अंखियां निज अंजति, नियम नथनियां नाकन लावत।

आसन अड़ियां अंगन डारति, पियरी प्राणायाम सुहावत।।

पैजनि प्रत्याहार सुधरति, ओढ़नि शर धारणा की धारत।

ध्यान की विंदिया माथ लगा के, मांग समाधि सिंधूर भरावत।।

रामनरेश श्रिंगार सजे अस, तव पिय निज हिय हरषि लगावत।

पिया मिलन को साज सजावत।।

***

पद संख्या: -32

(परमात्म चेतना की खोज)

परम चेतना ज्ञेय ज्ञाता से पर है।

होते सचेतन नहीं हम हैं तब तक, होने को चेतन विषय ना अगर है।।

जैसे गहन तम में रख दे हमें यदि कोई तो, नयन होने का भान होता नहीं है।

विषय हीन ऐसे ही अन्य इन्द्रियां हों, तो उनका भी आभास होता नहीं है।।

इसे चेतना मानना भूल भारी, परम चेतना जो है इससे इतर है।। परम...।।

जीवन चेतना वांट दें तीन भागों में, सहजता से तव है समझने में आता।

जाना जाने वाला विषय ज्ञेय पहला, जानने वाला दूजा है जाता कहाता।।

जानने वाली विषयों से जुड़ता है जबकि, तभी तो ये ज्ञाता भी आता नजर है।

आत्म चेतना तीसरा भाग है, जो कि ज्ञेय और ज्ञाता उभय का है ज्ञाता।।

वही सर्व द्दष्टा, वही सर्व साक्षी, परम चेतना भी वही है कहाता।

उसकी ही अनुभूति आत्मानुभूति है, यहीं ज्ञान पाने की पावन डगर है।। परम... ।।

इस तरह अवस्था तीन है चेतना की, पदार्थों से तादात्म पहले वनाता।

पहली अवस्था मैं तन हूं, मैं इन्द्रिय हूं, अज्ञान का यह जगत है कहाता।।

मैं तन हूं नहीं ना ही मैं इन्द्रिय हूं, ये दूजी अवस्था जो वह बोध कर है।।परम...।।

उपर्युक्त दोनों अवस्थाओं का बोध, तन से बंधा है तथा इन्द्रियों से।

तीसरी अवस्था परमशान्ति की है, परे है जो तन के सुखों व दुखों से।।

न रहता नरेश जहां ज्ञान, ज्ञेय, ज्ञाता, परमचेतना वास करती उधर है।।परम...।।

***

पद संख्या :-33

(मन के आयाम)

त्रय **आयामन** वाला मन है।

प्रथम है चेतन अपर अचेतन, और तीसरा अतिचेतन है।। त्रय...।।

तीन अयाम भौतिक पदार्थ में, भी होते मन के समान है।

लम्बा, चौड़ा, गहरा अयाम, भौतिक पदार्थ में विद्यमान है।।

भौतिक पदार्थ के ही समान, तीनों आयाम वाला मन है।। त्रय...।।

तात्विक रूप से मन पदार्थ में, होता कोई भेद न है।

मन होता है सूक्ष्म पदार्थ व, पदार्थ होता स्थूल मन है।।

सामान्य तथा जीवनक्रम से, सम्बन्धित रहता चेतन मन है।। त्रय...।।

अचेतन मन से संबंधित, नींद व सपने होते हैं।

ध्यान तथा आनंद संबंधित, अति चेतन से होते हैं।।

विशाल वर्फ की शिला सिन्धु में डूबे के समान मन है।। त्रय....।।

सतह ऊपरी दिखती है पर, डूवा नहीं दिखाता है।

गहरायी में उतरे विन ना, निचला नजर में आता है।।

भाग तीसरा जो वाष्पित हो, नभ में मंडराता वन घन है।।त्रय ...।।

गहरायी में पैठ कठिन है, असम्भव घन तक जाना।

ध्यान लगाना कठिन इसी से, है दुःसाध्य समाधि साधना।।

घटना चिंतन और जागरण में, रहता चेतन मन है।। त्रय...।।

चेतन होने पर निःशब्द, अचेतन क्रिया लखाती है।

अचेतन की क्रिया सून्यता, अति चेतन पहुंचाती है।।

परम धाम आनंद का जो वह, यह नरेश अतिचेतन मन है।।त्रय...।।

***

पद संख्या :- 34

द्दिढ़ विश्वास ज्ञान विन नाहीं।

जब तक तत्व ज्ञान होत नहिं, ब्रम्ह विदित होई पावत नाहीं।।

विन जाने सामान्य सत्य यह, होत हि ये विश्वास है नाहीं।

विन विश्वास हुए हृदय में, प्रीति परम उपजाति उर नाहीं।।

प्रीति प्रसन्न करति पुरुषोत्तम, विना प्रीति कोई पावत नाहीं।

विना किए स्वाध्याय संत संग, ज्ञान रतन कोई पावत नाहीं।।

परम पिता की क्रिपा विना, कोई-यहि मारग पग डारत नाहीं।

करू स्वाध्याय ''नरेश' विग्र संग, आन जतन कोई जानत नाहीं।।

***

पद संख्या :-35

(आंसू)

भाव अतिरेक जनावत आंसू।

होता है जव भाव शिखर पर, तो अभिव्यक्त करावत आंसू।।

अनिवार्य रूप से दु:ख के कारण ही आंखन नहिं आवत आंसू।

करुणा, प्रेम, आनंद, कृितज्ञता, अहोभाव मेंआवत आंसू।।

पीड़ा या आह्लाद उफान, संभालि न जात तो आवत आंसू।

जिनके गहरे भाव होत, उनकी आंखन से आवक आंसू।।

जिनके हृदय हैं भाव शुष्क, उनके सौभाग्य में होत न आंसू।

होत शिखर पर पावन भाव तो, प्रभुहि विवस करि देत है आंसू।।

किए विवस प्रभु को आने को, मीरा व चैतन्य के आंसू।

वो धन्य 'नरेश' जो अहोभाव में, नयनन से छलकावत आंसू।।

***

पद संख्या :- 36

असन शुद्धि बुधि विमल बनाये।

असन प्रभाव परत वुधि ऊपर- गुरु गुरुजन यह शोधि लखाये।।

करि प्रयोग परिणाम जानि अव,

तथ्य सत्य भौतिक विद पाये।

श्रीमद भगवत गीता में प्रभु,

सत, रज, तम, वुधि असन वताये।।

सतो असन सद्वुद्धि बना के,

निज स्वरूप दर्शन करवाये।

रजो असन राजसी वुद्धि करि,

लोभ, मोह, वन्धन वंधवा ये।।

तमो असन तामसी वुद्धि करि,

अघकराई नर नरक पढ़ाये।

मृदा सतो वुधि ज्ञान वीज वो,

मुक्ति मधुर फल नर उपजाये।।

सुजन विमल वुधि करन चहत जो,

असन शुद्दि चित प्रथम लगाये।।

अर्जन असन से असन ग्रसन तक

असन शुद्धि सव क्रिया समाये।

शास्त्र सिद्ध सच जानि नरेश सो,

मूढ़ जो स्वाद में वुद्धि नशाये।।

***

पद संख्या :- 37

(काल तत्व)

काल तत्व है आत्म तत्व में।

जीव निष्ठ नित्यता संकुचित, होत काल तव षड भावन में।।

प्रथम भाव अस्तित्वं कहावत, आवत जनन द्वितीय करम में।

वृद्धि तृतीय, चतुर्थ परिणमन, भाव कहावत क्षय पंचम में।।

नाश नरेश षष्ट भाव ये, युक्त रहत हैं काल तत्व में।

काल तत्व है आत्म तत्व में।।

***

पद संख्या :- 38

पंचाग्नि विद्या (जीवात्मा पांच आहुतियों के बाद शरीर धारण करता है)

प्रथम अग्नि यह लोक कहाये।

समिधा सूर्य, अंगार चंद्रमा, चिनगारी नक्षत्र बताये।।

लपट दिवश अरु धूम किरण में, श्रद्धा आहुति देव हुताये।

सोमराज उत्पन्न होत, दूसरी अग्नि परजन्य कहाये।।

समिधा वायु, अंगार वज्र अरु, मेघ शब्द चिनगारी कहाये।

धूम अभ्र, ज्वाला विधुत में, सोमरजा हुति देव हुताये।।

वर्षा उत्पन्न होत इसी से, पृथ्वी तीसरि अग्नि कहाये।

सम्वत्सर समिधा, ज्वाला निशि, धूम अकाश, अंगार दिशायें।।

आवान्तर दिशि विस फुलिंग हैं, वर्षा आहुति देव हुताये।

अन्न होत उत्पन्न इसी से, चतुर्थाग्नि यह पुरुष कहाये।।

वाणी समिधा, प्राण धूम, जिह्वा ज्वाला इस अग्नि में आये।

नयनागार, श्रोत चिनगारी, अन्न आहुति सव देव हुताये।।

रेतस उत्पन्न होत इसी से, पंचमाग्नि यह नारि कहाये।

देत देवगण रेतस आहुति, संभव गर्भोत्पत्ति करायें।।

राम नरेश पांचवीं आहुति, में जल पुरुष प्रधान कहाये।

प्रथम अग्नि यह लोक कहाये।।

***

पद संख्या :- 39

(अतिप्रिया माता अनुसूइया की वंदना)

मइया अनुसूइया प्रकट करी।

पावनी सलिल सरि मंदाकिनी।।

पतिवृत वल वारि वहावति मां।

सोई मंदाकिनी अधनासिनी।।

उपदेशति जो जगत जननी को।

जासु परति पग जनक नंदिनी।।

शिव, विधि, विष्णु गोद जेहि राजे।

क्षमा यचति त्रय विश्व वन्दिनी।।

तनय त्रिदेव जासु आय भये।

कहिन सकति यश हंस वाहिनी ।।

नमत नरेश तासु पावन पद।

जासु सुरति मन मल विनासिनी।.

***

पद संख्या :- 40

कोई वस्तु अपनी नहीं होती तब तक।

कीमत चुकाते नहीं उसकी जब तक।।

जो परमात्मा को है अपना बनाना।

तो कीमत भी उनकी पड़ेगा चुकाना।।

जो पूछो बता उनकी कीमत है कितनी।

चुका दे मैं मेरा तो हो जाए अपना।।

ये मैं और मेरा यहि तो है माया।

इसी ने तो भव बन्ध में है बधाया।

मैं और मेरा ये दोनों असत हैं।

इसी में तो उलझा ये सारा जगत है।।

ऐ मन मोह से भासता है ये अपना।

शिवाय वासुदेव के नरेश ना कुछ अपना।।